LA LÓGICA Y LA IMAGEN

José Luis Caballero Bono

LA LÓGICA Y LA IMAGEN

EDITORIAL COMARES

GRANADA, 2024

SERIE
FILOSOFÍA *HOY*

Dirigida por:
JUAN ANTONIO NICOLÁS
(jnicolas@ugr.es)

Coordinación:
RAÚL LINARES PERALTA
(raullinares@ugr.es)

110

Maquetación: Miriam L. Puerta

© Editorial Comares, 2024
Polígono Industrial Juncaril
C/ Baza, parcela 208
18220 - Albolote (Granada)
Tlf.: 958 465 382
https://www.comares.com • E-mail: libreriacomares@comares.com
https://www.facebook.com/Comares • https://twitter.com/comareseditor
https://www.instagram.com/editorialcomares

ISBN: 978-84-1369-724-6 • Depósito Legal: Gr. 34/2024

IMPRESIÓN Y ENCUADERNACIÓN: COMARES

A mis padres,
que me iniciaron en el gusto
por las obras de arte.

SUMARIO

PREFACIO

En el punto y hora de poner por escrito este prefacio, la inteligencia artificial muestra una pertinaz dificultad en crear imágenes de la lógica. Lo que no ocurre cuando se le pide generarlas para la justicia. Esto contrasta con el ópimo patrimonio de imágenes y de formas plásticas de las que se ha servido la tradición para representar el arte de razonar correctamente.

La lógica se sensibilizó, muchas veces, conforme a la descripción de Marciano Capella, como una mujer con un escorpión en la mano. En la otra podía tener alguna otra sabandija o una vara. Así se la ve en la catedral de Puy-en-Velay, o en el Museo Nacional de Arte de Cataluña de la mano de Giovanni di San Giovanni. Alguna vez puede que haya perdido un atributo, como en la tabla de Pesellino, donde solo conserva la vara. En la *Visión deleytable* de Alfonso de la Torre, después de la gramática viene la lógica. Nos la presenta como una mujer pálida. En la mano derecha tiene un manojo de flores y un título que dice: *verum et falsum*. En la izquierda sostiene el alacrán.

Pero sería ingenuo creer que ha habido una representación unánime de la lógica, como casi ha ocurrido con la justicia. En los tapices de Carlos V, en el Palacio de La Granja, comparece como mujer con una segur afilada. Se dispone a desbastar la madera para el carro que está fabricando con sus compañeras. El torreón desdentado del antiguo palacio ducal de Alba de Tormes también exhibe a la lógica. Pero esta vez en pintura, y en ademán menos tajante. La señora recostada abarca con sus manos un copo, a través del cual se ve no un huso, como creía Helmut C. Jacobs, sino un pequeño dragón alado extendido de flanco. Acaso un anuncio de que la lógica mantiene cautivos a los monstruos de la razón.

Tan varia y multiforme ha sido compuesta la lógica que aína daría a un escrito el título *Las imágenes de la lógica*. Aventajado por un libro feliz de Alfredo Deaño conocido en nuestros pagos, *Las concepciones de la lógica*, sacaría no embargante ventaja de la comparación. Pues es verdad que las imágenes de la lógica pueden transmitir concepciones de la misma. Mas el título invocado podría desviar del propósito y hacer pensar en un tratado de arte o de estética aplicada.

Rotular el escrito como *La lógica y la imagen* pone por delante, en cambio, que la lógica no pasa aquí de matute. Lo que se busca no es un prontuario de iconografía, la disciplina que se ocupa de describir, identificar y clasificar imágenes, atendiendo no menos a su origen y evolución. Lo que se pretende no es tampoco ofrecer una introducción a la lógica al modo y uso convencional. Para uno y otro cometido se echarán en falta elementos de importancia. Pero el designio que guía los capítulos que siguen ha tomado algo de uno y otro campo, lo cual justifica muy bien el empleo de la conjunción. Se trata, ni más ni menos, de ofrecer una cierta iniciación a la lógica tradicional de la mano de algunas imágenes que se han hecho tanto de ella como de algunos temas que ella trata. De esta manera se amigan diálogos entre inferencia racional y expresión plástica, dando por junto lógica y estética.

En cierta perspectiva se ensaya aquí un tornaviaje. Santo Tomás de Aquino tenía por cierto que el entendimiento humano no es capaz de adquirir ideas sin los «fantasmas», y estos son el producto último y más elaborado de la sensación. Ni siquiera la lógica, como conocimiento reflejo, estaría exenta de esta condición. La conciencia refleja de aquello de lo que la lógica se ocupa —llamémosle entes de razón— se gana también desde una base sensible. La negación, la privación, lo posible, lo necesario, el género y la diferencia… todo eso, aun cuando no sea verificable empíricamente por los sentidos, tiene apoyo firme en algo presente en la experiencia. De suerte que el ente de razón lógico, que solo existe en la consideración del entendimiento y la razón del hombre, tiene fundamento en las cosas. Dar un ropaje material a la lógica, una vez que esta ha sido admitida como reino invisible en la ciudad de los hombres, ha sido el beneplácito de los artistas. Cuando no se han limitado a replicar moldes, ellos han tenido que mirar de hito en hito a ese mundo de abstracciones para plasmar algo de él poniendo manos a la obra. Igual que el gobernante platónico era aquel que, poniendo los ojos del alma en el mundo de las ideas, se desempeñaba como pintor de regímenes políticos a la vista del modelo de ciudad ideal que había de reproducir.

El recorrido apenas mentado ha ido de un apoyo sensible a la descubierta de otro mundo, el mundo lógico. Y de ahí al precipitado de nuevas formas sensibles por mano de artista. En su lugar, nuestro itinerario va al revés. Parte de estas formas y deja que, a través de ellas, se despierten evocaciones sobre la lógica. La aquí considerada es la lógica tradicional y no la simbólica, cuyo acervo icónico es aparentemente más reducido y de alcance menos popular. El intento, del que desconocemos antecedentes, no dará preponderancia a la información erudita acerca de las estampas escogidas. Otorgará preferencia al comentario evocador que abarca el arco que va desde las paradojas a las jerarquías de géneros y especies, desde la inferencia válida a los caminos de yerro que conducen a las falacias. Pero sin desdeñar jugosas noticias históricas a beneficio de una comprensión más rica de las imágenes y de la fragancia teórica de la lógica misma.

En este propósito ha parecido bien dividir el tema en tres áreas o partes.

La primera parte trata de representaciones de la lógica, otrosí llamada dialéctica, como arte liberal. Estas imágenes, que empezaron de manera significativa en los reinos de la Francia del siglo XII, dilatan su presencia por la Europa cristiana hasta la época de Barroco. En los estudios actuales de filosofía, la lógica es la única de las siete artes liberales clásicas que mantiene un perfil autónomo. Las demás solo sobreviven acogidas al criterio de lo interdisciplinar. Y aunque nosotros partamos de la imagen como auxiliar para ir a la lógica, válganos aquí recordar que hubo quien hizo una valoración inversa. Don Pedro Calderón de la Barca reconoció tanta prestancia a la pintura que se preguntó qué relación guardan con ella las artes liberales clásicas. Y de la lógica decía que la sirve suministrando argumentos a favor de su dignidad.

La segunda parte de nuestro recorrido hará presa en la manera como se ha dado forma gráfica a algunos temas de la lógica clásica. Existen figuras esquemáticas que vienen empleándose desde hace siglos junto con propuestas creativas menos conocidas. Así en unas como en las otras han proliferado motivos ornamentales que no tienen que ver con la lógica. Proceden del entorno cultural en que se crean esas imágenes. Especialmente importantes son los motivos religiosos, vigentes todavía aun en épocas en que ya se tambaleaba el canon de los saberes.

Finalmente, la parte tercera del libro está destinada a parar mientes en la lógica tal como aparece en viñetas de la prensa periódica. El objeto de atención ahí es eminentemente contemporáneo. No se trata de que esas viñetas simplemente recojan razonamientos. Algunos de los viñetistas españoles que alcanzaron nombradía en las últimas décadas nos han dejado dibujos con un mensaje que solo puede explicarse suponiendo que obtuvieron conocimientos de lógica tradicional en el bachillerato. No representan a la lógica como tal; eso queda para la edad áurea de las artes liberales. Pero sí que plasman temas lógicos de la tradición. Se dará cuenta de esos dibujos, pero esta vez sin reproducirlos. El lector quedará emplazado a buscarlos en hemerotecas físicas o digitales.

Con la perspectiva escogida de compulsar lógica e imagen se espera, en estas páginas, volver a poner al tablero la lógica tradicional. Si ninguna ciencia es axiológicamente neutral, de la lógica de nuestros abuelos queremos resaltar el valor ubérrimo de su belleza. Al mismo tiempo, su carácter de bien cultural consabido. Y con una presencia social que hace que podamos encontrarla en los lugares más inesperados, desde el vestíbulo de un hotel hasta una lonja de cereales.

I
IMÁGENES DE LA LÓGICA COMO ARTE LIBERAL

Las artes liberales que entran en cuenta son los siete saberes clásicos que la romanidad decantó como base firme de la educación superior. Omítase si se les da un carácter profano, conforme al ideal ciceroniano del saber, o se los pone al socaire de la exégesis bíblica como quisieron algunos cristianos. Lo único a destacar es que la lógica forma parte de ellos, y que su conjunto traza la línea más noble de formación de la persona. Son las artes que ejerce el intelecto. Por debajo de ellas, las artes mecánicas son serviles y tienen que ver con las manos. Digamos que las artes liberales son aquellas que armonizan con la vida buena que conviene que viva un hombre. Por contraste, las artes mecánicas se ajustan para procurar la supervivencia. Por ello las primeras se recomiendan a la formación de quien está al cargo de la ciudad de los hombres. Al paso que las segundas bastan para las clases bajas. Mas tanto unas como otras están ya ahí, y el hombre solo tiene que aprenderlas.

Este no es sino un esquema idealizado que salta por los aires con la conciencia moderna. Desde los albores del humanismo renacentista, esta fotografía fija muestra su insuficiencia, y es ya imposible en la época barroca que cierra nuestra galería. Con el fortalecimiento de la conciencia individual se empieza a pensar las artes desde las facultades humanas y desde los fines que el hombre se marca. Con ello crece su número, se altera su jerarquía y se producen trasvases. La medicina presto pasa de mecánica a liberal, como que innegablemente pone en uso el intelecto. La lógica, sin perder su dignidad intelectual, ha revelado en el siglo XX una inopinada fecundidad mecánica en el terreno de la computación cibernética y en el origen de la informática.

Fig. 1. *Las siete Artes liberales* en el Hortus deliciarum *(h. 1180).*
Biblioteca nacional y universitaria de Estrasburgo.

1
LA MUJER CON UNA CABEZA DE PERRO
(*HORTUS DELICIARUM*)

Nuestra aventura comienza en las postrimerías del siglo doce. De entonces proviene el códice monacal de una obra titulada *Hortus deliciarum*. Traducir ese nombre como *El jardín de las delicias* puede derivar en pérdida si no se atisba que ese jardín no es solamente para deleite visual. Presa hoy del olvido, la abadesa alsaciana Herrada de Landsberg ha querido dar a conocer aquí un conjunto de saberes como verdadero alimento para el espíritu, al modo como de un huerto se obtienen frutos comestibles que fortalecen nuestro cuerpo. Esos saberes de los que se espera tan alto resultado son las artes liberales. Hay aquí dos palabras, «artes» y «liberales», que piden aclaración.

Por artes no hay que entender las artes plásticas, ni tampoco las llamadas bellas artes. Sendas denominaciones son de siglos recientes. En buena parte se quedan fuera de las artes liberales. Y en porción no menor serían vistas por un medieval como artes mecánicas, no como artes liberales. Cuando el Greco reivindicaba en Toledo la dignidad intelectual de la pintura, haciendo por sortear la alcabala que gravaba a las manufacturas, quería superar esa visión del hombre de la Edad Media. La autora del *Hortus deliciarum* no concibe que las artes sean destrezas, sino saberes. Y, por su alcance de modelación de la persona y de rigor, cabe decirlas también disciplinas.

Todas ellas están sujetas a la filosofía. No tiene sentido aquí la antítesis entre arte y ciencia, práctica y teoría, porque las artes liberales son ciencia, son saber. Las que se quedan en un mero hacer de oficio son las artes mecánicas, inferiores en dignidad.

La otra palabra es el epíteto «liberal». Está lastrado con un pesado fardo de significados. Desde la virtud de la liberalidad que habita al que es generoso hasta el liberalismo político o el liberalismo económico. Pasando por la censura de las prensas que dio el término «liberal» en los albores constitucionales de Cádiz. Así y todo, ninguno de éstos es el «liberal» de las artes liberales. Para entenderlo tenemos que acudir a un autor del mismo siglo doce. Es Juan de Salisbury, que falleció por el mismo año en que el copista culminaba la redacción del *Hortus deliciarum*.

De origen inglés, ha quedado en los legajos como Iohannes Sarisberriensis, aunque él se consideraba como Iohannes parvus, Juan pequeño. En una de sus obras nos explica que las artes liberales se llaman así porque son las destinadas al *liberum*, al niño. Quiere decir que son saberes básicos que conviene ir afianzando desde edad temprana. Algo que se cumplía, de cierto, con la gramática y la ejercitación de la lengua latina. De tiempos y lugares ha dependido que la iniciación en las artes restantes se retardara o se dosificara.

La guerra franco-prusiana de 1870 provocó la pérdida del manuscrito del *Hortus deliciarum*, para entonces custodiado en Estrasburgo, la capital de Alsacia. Nos ha quedado, para nuestra fortuna, una copia fiel realizada un siglo antes, con la iluminación miniada del ciclo de las artes liberales. El artista nos lo presenta al modo de rosetón de una catedral que deja pasar la luz. Mientras que, debajo de él, se sientan cuatro personajes siniestros señalados como «poetas o magos». Vienen a ser los instauradores del error. En ademán de escribir o leer, solo producen pseudociencia. Sobre cada uno de ellos se cierne un espíritu de sombra que dicta infundios y pervierte el razonamiento.

La figura circular contiene la secuencia de las siete artes liberales según la tradición asentada en época romana. Pero todas ellas adhieren a una rotonda central, de la cual dependen. Esta se halla presidida por una reina, la filosofía. Ella sostiene en sus manos una banda con la leyenda: «Toda la sabiduría viene de Dios; solo para los sabios pueden yacer a sus pies las cosas que desean». Y la muestra desde una posición prominente. La metáfora de alzada se refuerza por los siete ríos, las siete artes, que manan del busto de la reina sedente como de un monte. Las tres puntas de la corona que ella lleva sobre la cabeza son, si bien se mira, tres cabezas humanas. Están ahí para indicar las tres partes de la filosofía que tanto popularizaron los estoicos: lógica, física y ética. San Agustín de Hipona había escrito que ya Platón vio esta tríada. Y podemos rastrearla hasta bien entrados en nuestra época.

Mas no se comprende bien qué cosa sea la filosofía sin seres humanos que la encarnan. Por eso, por debajo de la reina se puede ver a dos filósofos, Sócrates y Platón. Es llamativo que no esté Aristóteles, alumno de Platón. Y también que ambos sabios figuran representados como si estuvieran sentados en un *scriptorium* monástico. En compendio, la almendra central nos comunica tres verdades: que la sabiduría suma es de origen sobrenatural y divino; que la sabiduría natural alcanza su cima en la filosofía; que de esta última dependen las artes liberales. La franja que cierra el círculo lo dice con claridad: la filosofía sujeta las artes y las divide en siete partes. Van a ser las siete cámaras que rodean al círculo central a semejanza de una girola alrededor del tabernáculo.

A cada una de las artes, que son también femeninas, le acompañan atributos propios, en algunos casos con su nombre. Y el arco que cubre a cada una de ellas contiene una explicación sobre la virtud o excelencia que cabe esperar de esa disciplina. En el sentido de las agujas del reloj se recorren las artes por su orden convencional de *trivium* (gramática, retórica y dialéctica) y *quadrivium* (aritmética, geometría, música y astronomía). Esto completa el mensaje acerca de la ciencia o sabiduría, la cual se obtiene ante todo de Dios, pero en segundo término de la filosofía, y con mayor concreción del cultivo de tres artes relacionadas con el lenguaje y cuatro relacionadas con la cantidad.

A las cuatro en punto descubrimos a la dialéctica. Su leyenda es cuando menos inquietante: «Dejo aportar argumentos a la manera del perro». Y la dama dialéctica sostiene en su mano la cabeza de un perro (*caput canis*). Mientras que con la otra parece mostrarle la dirección en la que ha de ladrar.

Poner a contribución argumentos «more canino», al modo del perro, puede traer a las mientes la idea de que el miniaturista pensaba que un perro puede razonar. Sacar conclusiones es la capacidad que estudia la lógica. Y es su designio que esas conclusiones sean correctas. De ahí que más de uno pueda preguntarse si un animal de compañía tan cercano a nosotros puede hacerlo. En la Antigüedad, Crisipo estaba convencido de que un perro puede llevar a cabo inferencias válidas. Michel de Montaigne lo refiere así:

> «Crisipo, aunque en las demás cosas desdeña la condición de los animales tanto como ningún otro filósofo, hace una confesión después de observar los movimientos de un perro que, tras perder a su amo, se halla en una encrucijada de tres caminos. Primero el can se asegura de que en dos de ellos no hay huella de su dueño, y luego se lanza por el terreno sin titubear. La confesión que Crisipo hace es que el perro discurre así: "Hasta este cruce he seguido las huellas de mi dueño, y por tanto es menester que él vaya por uno de estos tres caminos. No habiendo ido por éste ni por aquél, infaliblemente ha seguido el otro". Y una vez llegado a ese raciocinio y conclusión, el animal ya no explora el tercer camino, sino que se precipita en él, movido por la fuerza de la razón. Ese discurso, puramente dialéctico, ese uso de proposiciones divididas y conjuntas, y esa inteligente enumeración de las partes, ¿valen menos si el perro las sabe por sí que si se las enseñó Trebisonda?»[1].

La observación de Crisipo es tan famosa que ha pasado a los manuales de historia de la lógica. La descripción del discurso del can, con un sorprendente parecido a los preceptos del método cartesiano, es cosecha de Montaigne. La distinción entre un discurrir dialéctico congénito al perro y uno aprendido es una ingeniosa aplicación de la de manual que existe entre lógica natural y lógica artificiosa. Pero haciendo que sea válida para el mejor amigo del hombre.

Dejando a un lado la sospecha de un raciocinio perruno, hay otra manera de traducir «argumenta sino concurrere». El verbo «concurrere» admite este matiz de competencia, como lo tiene hoy en las formas en que se ha precipitado en varias lenguas. Y entonces lo que tiene el perro no es el don de argumentar, sino el de

---

[1] MONTAIGNE, Michael de: *Ensayos completos*, vol. II. Editorial Iberia, Barcelona, 1968, 116.

luchar. La dialéctica deja que luchen los argumentos para que triunfe el mejor, como quien organiza una pelea de perros. La cabeza sostenida por la mujer no es la de un perrito doméstico, ni la de un perdiguero, sino la de un perro de defensa y de ataque.

La tradición medieval usa muchas veces la palabra latina «dialectica» para nombrar a la lógica. Así lo habían hecho Marciano Capella y Casiodoro, y así lo seguirán haciendo algunos modernos. Con lo que la lógica aparece dos veces en la miniatura del *Hortus deliciarum*. Su virtualidad de enfrentar razones es lo que derivará en un concepto estrecho de dialéctica, cual aparece en Hegel, como juego de contrarios. Pero también es verdad que la lógica de la testa coronada tendió a asumir las tres disciplinas del *trivium*, las que vinieron a llamarse ciencias sermocinales.

Fig. 2. *Detalle de la Dialéctica en la miniatura del* Hortus deliciarum.

Fig. 3. *Las artes liberales del* Hortus deliciarum. *Mosaico en el vestíbulo de un hotel habilitado en la antigua abadía holandesa de Rolduc. Sócrates y Platón han pasado a ocupar dos medallones en los ángulos. Los otros dos orlan a Pitágoras y Aristóteles, ausentes de la composición original.*

Fig. 4. *Aristóteles, a la derecha, y Pitágoras, a la izquierda, en la catedral de Chartres.*

2

EL ESCLARECIDO MAESTRO ARISTÓTELES
(CATEDRAL DE CHARTRES)

La visita a Francia se puede prolongar encaminando nuestros pasos al municipio de Chartres, en el valle del Eure. Un momento cenital en la vida de la ciudad, alentado por un conato de escuela de pensamiento, ha movido a la construcción de una catedral románica. Estamos en el primer cuarto del siglo doce. Para los comedios del siglo se completa la fachada occidental con una portada de tres vanos, que se dice inspirada en la de Saint-Denis del París de la época. Es la Portada real, nombre debido a la creencia de que las estatuas de las jambas contrahacían a reyes merovingios. En realidad quieren ser figuras del Antiguo Testamento. Algo congruente con el uso de poblar los pórticos catedralicios de personajes sacros, ya bíblicos, ya patrísticos.

En la entrada del lado de la epístola, dedicada a la Virgen María, observamos empero personajes que no forman parte del gran cauce de la revelación cristiana. No son sibilas, mujeres misteriosas adoptadas por la cristiandad porque habrían predicho el nacimiento de nuestro Señor. Tampoco son los vicios, tantas veces encaramados a las arquitecturas medievales en forma de canecillos o de gárgolas. Son las artes liberales ocupando tramos de dos carriles de arco. Y esta vez no son solo mujeres, sino que hay mujeres y varones.

Nos fijamos en las dos figuras que se asientan en el arranque del arco a mano derecha. En la arquivolta externa está Aristóteles, en la interna Pitágoras. Los dos se ven con su recado de escribir, profundamente concentrados en lo que están redactando. Carecen de atributos propios de su arte y no disponen de más compañía que un astillero para dejar el cálamo. Guardan gran semejanza física, de indumentaria y compostura. Aristóteles es la dialéctica, mientras que Pitágoras es la aritmética.

Es uno de los raros ejemplos en que saberes liberales están encarnados por personajes históricos reales que destacaron en ellos. Algo que, en cambio, se encuentra no inusualmente en obras literarias. No sabemos si la ubicación basilar de estas dos ciencias quiere transmitir también la idea de un orden de fundamentación. Para la aritmética, es claro que funge de sustento de la geometría, la música y la astronomía.

No así para la lógica, que suele ocupar la tercera posición o la segunda del trivio, no la primera.

La novedad que más nos atrae del pórtico es la presencia del filósofo Aristóteles, el gran ausente en la iluminación del *Hortus deliciarum*. Ello sugiere que en el entorno de la abadesa Herrada resuena menos el eco del interés creciente por el legado del sabio griego. La obra de Aristóteles había quedado mutilada, una parte de ella en el oriente controlado por el islam. Los cristianos sirios habían traducido esos escritos al árabe, sea desde el siríaco o desde el griego directamente. Lo propio hicieron luego algunos cristianos árabes. El mundo latino se asoma conscientemente a un Aristóteles en árabe en el siglo doce. Y emprende la labor de verterlo a la lengua culta. El resultado son textos que han pasado por hasta dos y tres filtros hasta llegar al latín. Sin contar con que los originales en griego no son de mano del autor. Empieza a ser una preocupación medieval típica el saber qué pensó Aristóteles realmente.

Por fortuna, no siempre llega el texto tan corrompido. Antes de esas traducciones y de que la centuria alcance su mitad, Jacobo de Venecia ha trasladado a casi todo Aristóteles al latín en Mont-Sant-Michel. Y lo ha hecho desde textos en griego. La proliferación de copias hará que sus versiones lleguen a sabios de plenitud del siglo trece, como Alberto Magno y Tomás de Aquino.

El toque de atención que nos da la catedral de Chartres no es solo la actualidad de Aristóteles. En el segundo y tercer tercio del siglo doce, la filosofía natural del filósofo griego conquista los espíritus latinos. Pero en la Portada real se da como cosa sabida que este autor es el referente por excelencia de la lógica, su verdadero fundador. En el viejo servidor de Filipo de Macedonia reconoce la edad, sin titubeos, al principal mentor histórico de esa teoría de la *consequentia* en que se resuelve la lógica de la Edad Media.

Esta visión madura está en deuda con el nuevo acceso a escritos hasta entonces desconocidos. La comezón lógica del siglo décimo solo había podido jugar con tres textos sobre el asunto del gran filósofo de la Antigüedad: las *Categorías*, los *Analíticos primeros* y *Sobre la interpretación*. Es lo que luego se denomina *Logica vetus*, la lógica vieja. Ella se bastaba para entender el engranaje de los silogismos y una teoría sobre la división de la realidad y del modo como la pensamos. Con el florecimiento de las traducciones se abre paso la *Logica nova*. Ante todo, los *Analíticos segundos*, que significan la aplicación del silogismo a la obtención de saber verdadero, demostrable. En suma, a la construcción de ciencia. Y también ofrecen una doctrina de la definición como modo de saber. Precisamente la ciudad de Chartres acogía en el siglo doce una copia de la versión de esta obra realizada por Jacobo de Venecia. Pero igualmente están en esta partida los *Tópicos* y las *Refutaciones sofísticas*. Hoy hay quienes piensan que estas últimas las redactó Aristóteles con anterioridad a las otras cinco obras. Todas juntas forman el gran tesoro de los escritos lógicos del filósofo. Asimismo la *Retórica* tiene puntos compartidos con esta serie.

Asociar el arte de la dialéctica con Aristóteles de manera tan natural en una arquivolta puede reflejar el prestigio alcanzado por esta disciplina en la ciudad de París. Juan de Salisbury, que estudió allí unos años antes de que se labrara la Portada real de Chartres, ha dejado testimonio del frenesí que suscitaba el estudio de las deducciones en la ciudad del Sena. En las aulas de Santa Genoveva se aparejaban competiciones de argumentación que él recuerda en su *Metalogicon*, concluido en 1159. Habla incluso de unos oscuros personajes, los «cornificianos», los cuales tenían especial agudeza en plantear tretas y justas dialécticas. No cabe ignorar que esta efervescencia se nutre de la novedad que transmiten las traducciones de Mont-Sant-Michel. El mismo «Juan pequeño» las conoce y, en sus libros, comenta desde ellas toda la lógica de Aristóteles por primera vez en Europa. Si por un imposible trasladáramos a nuestros días aquellos certámenes lógicos de París, queremos creer que el trofeo para el vencedor sería una estatuilla réplica de la de Aristóteles en la catedral de Chartres.

La pujanza de la dialéctica en el estudio parisino da visibilidad a la idea de que la lógica está presente en todo saber y lo cualifica como tal. Si un libro sobre física, pongamos por caso, incurriera en incorrecciones en el razonamiento, no solo sería inválido desde el punto de vista de la lógica. Sería también inválido desde el punto de vista de la física. Por ahí se comprende que cuando Aristóteles procedió a dividir las ciencias en teóricas, prácticas y productivas no incluyó en ellas la lógica. No lo hizo porque no hacía falta. La lógica está en todas ellas como instrumento de las mismas.

Pese a la relevancia del discípulo de Platón y de su lógica, hoy la lógica aristotélica es valorada como un modelo de inferencia entre otros posibles. Uno de los nombres que recibe es el de lógica de términos, siendo los términos los elementos significativos de una frase. Es así que, en este modelo, los términos pueden ya decidir sobre la corrección o incorrección de una inferencia. Si un mismo término cambia de sentido en el curso de un razonamiento, el razonamiento está mal, es una falacia. Un autor del siglo noveno había propuesto un ejemplo memorable con la palabra latina *mus*, que significa ratón. Dice así: *Mus* es un monosílabo; pero *mus* roe el queso; luego un monosílabo roe el queso. El término «mus» se toma la primera vez en lugar de la palabra, la segunda en lugar del ratón real.

Válida en su propio ámbito, la lógica del viejo Aristóteles no ha perdido su vigencia. No ha sido descalificada sin remedio por la actual lógica matemática. A finales del siglo doce, la catedral románica de Chartres sufrió un incendio. Fue el momento en que se decidió demolerla y construir una nueva. Pero el incendio de la catedral no es el incendio de la lógica aristotélica. Ella ha quedado, como su patrón ha quedado en la portada románica, que se conservó para nuestro deleite enmarcada en una edificación más reciente.

Fig. 5. *Representación de la lógica en el sepulcro de Ramón Llull.*

3
UN DOCTOR CON LAS MANOS CORTADAS
(SEPULCRO DE RAMÓN LLULL)

La siguiente estación en nuestra visita a la iconografía de la lógica la hacemos ante el sepulcro de Ramón Llull, en la basílica de Sant Francesc, sita en Palma de Mallorca. Trátase de una fábrica del Cuatrocientos con dos cuerpos claramente diferenciados. El inferior ha querido albergar a las artes liberales en siete compartimentos estancos. El superior se destina a la huesa del venerado Ramón, muerto en loor de santidad.

La franja de las artes sigue una misma pauta. En un zócalo se exhiben follajes y figuras del bestiario medieval. Sobre este nivel, pilastras reforzadas con molduras y pináculos góticos enmarcan nuevos espacios pensados para acomodar a las artes. Una hornacina para cada una. Por arriba se cierran siempre con dos ángeles que, a manera de solio, portan una corona con el nombre del arte respectiva en letras góticas. Se sugiere que cada arte iba a ser una estatua, probablemente de mujer, que recibiría así su corona. Pero nunca llegaron a realizarse. En cambio, quedan hasta hoy las peanas pétreas que representan a personajes masculinos. Son doctores seculares y frailes franciscanos asomando un tercio de su cuerpo y haciendo las veces de ménsulas. Una relación antigua los llama «siete bestiones de piedra de palmo y un cuarto de alto». Los del *quadrivium* están acompañados por atributos que permiten identificar a cada arte. No así los del *trivium*, cuyos atributos, si alguna vez los tuvieron, han desaparecido.

Toda esta hilera de las artes con estrechos nichos e historiada predela ha sido labrada por Francesc Sagrera. Y se sabe que estaba concluida en 1448, mucho antes que el cuerpo superior. El conjunto acusa la influencia borgoñona propia de la producción local. Comprensible porque la zona de Montpellier había quedado bajo el dominio de Mallorca ya en vida de Ramón. Y por ahí se filtraba también una parte del patrimonio cultural de Francia.

Para las fechas de la ejecución del mausoleo de Ramón Llull han transcurrido dos siglos desde que a alguien se le ocurriese colocar al viejo Aristóteles sobre una puerta de la catedral de Chartres. En este tiempo han pasado cosas significativas.

Una es la creación de las universidades, corporaciones con un posicionamiento autónomo frente a la sociedad. La primera de ellas, la de Bolonia, data de un año antes de que Juan de Salisbury concluyera su *Metalogicon*. Pero el gran despegue se produce en el siglo trece.

En esa centuria, y vinculada a las universidades, alcanza su culminación la escolástica, segundo acontecimiento digno de atención. Es la escolástica la orientación doctrinal que se propone una concepción sistemática del mundo y del hombre de acuerdo con la revelación y con la fe cristianas. Pues bien, en el diálogo con la razón varias veces se ha cernido la sospecha, a lo largo de ese siglo, de que el estudio de Aristóteles obra en detrimento de la fe. El mismo Ramón no se adscribe sin restricción a la línea aristotélica.

Y en tercer término, por lo que hace a la lógica, ha pasado la figura de Pedro Hispano. No sabemos quién fue en realidad. Hoy está desestimada su identificación con el papa portugués Juan XXI. Todo apunta a que se trata de un dominico que escribía desde algún lugar del reino de León. Pero su obra, *Súmulas logicales*, será tan influyente que en versiones varias vendrá utilizada para la enseñanza hasta entrado el siglo XVII. En sus arranques, Miguel de Cervantes se refiere a ella en el Quijote. Y se deja incluso pensar que aquel título vulgar —el nombre genuino era *Tractatus*— haya podido influir para que Llull haya hablado en sus manuscritos de lógica y no de dialéctica.

En el palco escénico de las ménsulas sobresale la lógica en segunda posición, entre la gramática y la retórica. Es la figura de un doctor que se asoma, tal vez un clérigo secular que ostentase el título de *magister artium*.

Tiene la cabeza cubierta con un camauro, y sus antebrazos han sido amputados. Es el único de los bestiones que tiene las manos cortadas. Y, como sucede con las afroditas que han perdido partes enteras de sus cuerpos, puede resultar aún más sugerente así que si no hubiera pérdida. El menoscabo que supone no tener manos evoca la mayor distancia respecto de las artes mecánicas. Son éstas las adheridas al valor de lo útil para la vida y con un significativo papel asignado a las manos: agricultura, herrería, carpintería, zapatería… «Art mecanica es sciencia lucrativa manual por donar sustentacio a vida corporal». Así la define Llull en *Doctrina pueril*. Las artes liberales no son mecánicas, pero por ser artes tienen una vertiente también práctica. Hay quien ha dicho que esa sería la que asoma en la tribuna de estos doctos maestros, al paso que las estatuas de las hornacinas habían de mostrar la faz especulativa de cada una de las siete disciplinas. La ventaja práctica es fácil de adivinar en la gramática, base de la comunicación, o por lo menos de la comunicación académica si de la latina se trata. Es obvia en la retórica, que sirve para persuadir. Lo es en la aritmética, entendida como ciencia de cantidades, imprescindible compañera de la geometría, la música y la astronomía. Pero la lógica no es útil, no sirve para nada. Los alemanes dirían que es una «brotlose Kunst», un arte sin pan. Menester u ocupación que no trae el pan debajo del brazo. Relegada a tener una función proemial, de propedéutica de las demás ciencias, o a lo sumo de centinela que vigila la coronación del razonamiento, la lógica es definitivamente la doctrina más abstracta. Como mucho sirve para engrasar el pensamiento, una suerte de gimnasia mental. Como decía Walter Burley en el mismo siglo catorce que ve el deceso de Ramón: «Para que los jóvenes, al disputar cualquier problema, puedan estar ejercitados y salir así airosos con toda rapidez»[1]. También Llull reconoce, en su *Arbre de ciencia*, que la lógica contribuye a dar vigor y agudeza al pensamiento.

La idea compositiva de la sepultura de Ramón Llull proviene de un lulista, el franciscano Joan Llobet. Esto nos lleva a preguntarnos por el sentido luliano de este septenario de las artes y por la posición de la lógica en particular. ¿Qué ha querido decir o qué mensaje da la elección de este motivo? ¿Cómo refluye ese mensaje hacia la lógica en particular?

Un sentido negativo sería el de que Ramón Llull no ha cursado estudios en la Universidad. Su aprendizaje reglado se limita a las artes liberales, lo que podía adquirirse en escuelas conventuales o catedralicias. Su creatividad intelectual se ha desarrollado a partir de ahí de manera autodidacta.

El sentido positivo es el más probable. Supone que cuando Llull muere, en 1316, ya ha dado muestras de una sabiduría universal que destella en el uso de estas artes y en algunas contribuciones originales a las mismas. El estado actual del cuerpo inferior del sepulcro es también muy luliano en el sentido de que puede inducir a agravio comparativo entre las artes del *trivium* y las del *quadrivium*. Las primeras, sin distintivos en la piedra labrada, eran más valoradas por Llull que las segundas. Cree que estas últimas pueden llevar al hombre a distraerse de lo esencial. Una cierta excepción se permite hacerla con la música, por cuanto sirve a la alabanza divina. Pero no cabe ignorar que también puede entrar en la servidumbre del poder, convertirse en expediente de afanes y pasiones.

En cuanto al caso de la lógica, varios escritos lulianos atestiguan esa segunda posición en la serie, empezando por la mencionada *Doctrina pueril* que dirige a su hijo Domingo. Que vaya después de la gramática y se apoye en ella es congruente con el hecho de que se sirve del lenguaje natural, de lenguas habladas, no de lenguas creadas artificialmente.

Lo que no se barrunta en la contemplación de este desplegable esculpido en piedra de Santanyí es que la pretensión intelectual de Ramón Llull se decanta en una única arte, su *Ars Magna*. Y que a esa arte ha querido darle un aspecto fundamentalmente lógico. El Arte mayor o *Ars Magna* es el proyecto de escribir un libro, «el mejor del mundo», que ayude a convertir a la fe cristiana a mahometanos y judíos. Es un recurso que permite organizar el razonamiento de forma sistemática

---

[1]   BURLEY, Walter: *De puritate artis logicae*. Saint Bonaventura, New York, 1955, 99.

y expresarlo sin ambages mediante un lenguaje de base lógico-matemática. Así se acerca el pensamiento a un proceso de cálculo por medio de un mecanismo combinatorio. No es extraño que la lógica luliana sea hoy vista como un peldaño en el camino que lleva a la lógica matemática. Quien levanta la mirada a la imposta que remata el cuerpo inferior del sepulcro ve a la derecha un personaje que sostuvo una suerte de escudo con surcos apreciables, que hoy se antojarían una tela de araña. Era la figura A del *Ars Magna* luliana, con sus círculos y sus cámaras.

Cuando Ramón experimentó una primera vivencia mística se puso a estudiar. Y lo primero que escribe de propio puño es un libro, en árabe, sobre la lógica del filósofo persa Algazel. Allí ya adscribe a la lógica el estudio de entes «a la segunda potencia», lo que Pedro Hispano llamaba sustancias segundas. Ya entonces es consciente del valor apologético de esta disciplina. Pero todavía pasa un tiempo hasta que construye su sistema, como media docena de veces revisado y perfeccionado. Una difícil síntesis entre abstracción lógica potenciada por sobre la gramática y, no obstante, interés concreto en la conversión de los infieles por rendición a verdades inconcusas.

Fig. 6. *Visión de conjunto de la sepultura de Ramón Llull. La lógica corresponde a la segunda calle del cuerpo inferior empezando por la izquierda. La primera calle, la de la gramática, queda casi del todo oculta por el retablo dorado.*

Fig. 7. *Dialéctica. Púlpito del Duomo de Pisa.*

4

LA VIEJA CON DOS SERPIENTES
(PÚLPITO DEL DUOMO DE PISA)

Ernest Renan dejó escrito, en su libro sobre Averroes y el averroísmo, que el sepulcro de Ramón Llull inmortaliza a la lógica como dos serpientes luchando. Según se ha visto, no hay tal. Pero eso no desautoriza el símbolo. Se lo encuentra en el púlpito de la catedral de Pisa, donde una mujer vieja sostiene en cada mano una sierpe. Y parece que va a propiciar que se enfrenten hostilmente acercándolas la una a la otra.

La lucha entre dos serpientes, motivo nada fácil de hallar en diccionarios de símbolos, evoca la contradicción. No puede sorprender que tan belicoso motivo haya servido para ilustrar el arte de la guerra[1]. La contradicción significa decir simultáneamente, respecto de algo, una cosa y la negación pura y simple de la misma. Verbigracia, que este papel es blanco y no es blanco, sin matiz ulterior. La lógica ha visto como un designio propio rechazar la contradicción, que es la mayor forma de incongruencia posible. Y la única a la que se aplica en rigor la observación de Ramón Gómez de la Serna, que la incongruencia «subvierte la lógica». De ahí que ya desde antiguo se forjó como un apotegma indiscutible el llamado principio lógico de no contradicción: no se puede afirmar y negar lo mismo acerca de lo mismo y desde el mismo punto de vista. Este papel puede ser no blanco cuando lo miro por este lado, pero por el lado vuelto a otro espectador es impolutamente blanco.

La repugnancia de la contradicción es espontánea en nosotros, de suerte que no es menester haber seguido estudios de lógica para rechazarla. El guardia de la circulación se atiene, sin formularlo, al principio de no contradicción cuando evita aseverar a un conductor que ha sobrepasado y no ha sobrepasado la velocidad permitida. Por eso, aunque el filósofo John Locke estimara que principios como este «difícilmente se escuchan en las chozas de los indios», lo cierto es que también los indios se atienen en su conducta diaria, sin formularlo, al principio de no contra-

---

[1] Cf. Eco, Umberto: *La búsqueda de la lengua perfecta*. Crítica, Barcelona, 1994, 148.

dicción. El solo gesto de plantar un pie fuera de la tienda es indicativo de que no se evalúa que el suelo esté ahí —porque estaba— y a la vez no esté. El propio Locke otorgaba a esta no contradicción el estatuto de conocimiento por intuición, aunque no a su fórmula verbal, que puede ser además variable. De ello resulta que, aunque la lógica no sirve para nada, de hecho nos servimos de ella. Un modo cotidiano de realizar inferencias es atenernos a la no contradicción.

Mas si la lógica trata de evitar la contradicción, ¿por qué hacer de ella un emblema de esta disciplina? Acaso porque desde tiempo inmemorial se ha ocupado de esas figuras que generan contradicción y que llamamos paradojas. Las paradojas son un tipo de discurso que presenta una o más tesituras. Cualquiera que sea la elegida aboca sin remedio al callejón sin salida de la contradicción. Los tratados de lógica escritos en latín afrontaban el estudio de las paradojas en un libro o sección que llamaban *Insolubilia*, porque las paradojas plantean problemas irresolubles, nada menos que la generación inevitable de contradicciones, o al menos de aparentes contradicciones.

La paradoja más conocida de la historia de la lógica es la llamada paradoja o antinomia del mentiroso, o de Epiménides, o del cretense. Viene a decir que Epiménides es cretense y afirma que todos los cretenses mienten. Ahora bien, si Epiménides miente al decir eso, entonces está diciendo la verdad, lo cual es contradictorio con el contenido de lo que ha declarado. Pero si Epiménides no miente, o sea si dice la verdad, entonces hace excepción a lo que está diciendo desde el momento en que se pone en contradicción con ello. Cualquiera de las dos posibilidades da lugar a contradicción. No es solo que una anula a la otra, es que cada una lleva el germen de su autodestrucción. Como dos serpientes venenosas que se hubieran mordido mutuamente y se hubiesen inoculado la ponzoña: una vería que la otra muere en su presencia, pero tan solo poco antes de ceder ella misma a los efectos del suero letal.

El espíritu humano es tan renuente a la contradicción que durante siglos se ha afanado en mostrar que ésta es solo aparente en la paradoja del mentiroso. Fuentes antiguas refieren de Fileas, un sabio estoico quien, en el arduo ejercicio de desanudar la conocida antinomia, acabó suicidándose. En esta historia la contradicción se descubrió no solo como repugnante, sino como deletérea para él mismo. No muy luego de que se cincelasen las artes liberales del Duomo de Pisa, Paulo Véneto intenta hasta catorce vías de solución a la paradoja del mentiroso. Solo una de ellas se aproxima a la propuesta de Bertrand Russell, en pleno siglo xx, de distinguir niveles de lenguaje. Esta se ha revelado como la verdadera vía de salida de la célebre contradicción. Si bien es cierto que Russell tuvo que habérselas con otras paradojas que surgían de la teoría de conjuntos, las que con otras más recientes certifican que las paradojas forman parte del mundo de lo lógico y de aquello con que la lógica ha de ocuparse.

La paradoja del mentiroso se formuló en Grecia antes de la gran codificación de la lógica por Aristóteles. Y como formando parte de un interés progresivo por antinomias del pensamiento, tal como se muestra en Zenón de Elea y hasta en el diálogo platónico *Menón*, donde uno de los interlocutores asevera que hay que saber ya lo que es algo para buscarlo, y de ello colige que no podemos ampliar nuestro saber. Lo curioso es que, distantes e independientes de la Hélade, otras culturas detectan también una atracción por las paradojas como caldo de cultivo para emprender una posible exploración refleja sobre la lógica. Los mohístas, filósofos chinos anteriores a nuestra era, denuncian que la tesis de los daoístas de que «todo lo lingüístico es erróneo» es autocontradictoria. A su vez, por el siglo séptimo después de Cristo, el budista chino Wen Gui lo formula de manera más refinada, tal vez filtrando ya una influencia de la lógica desarrollada en el norte de la India: caso de que la afirmación de que todas las afirmaciones son falsas no sea falsa, ¿cómo podemos entonces decir que todas las afirmaciones son falsas? Algo bastante aproximado, como se puede apreciar, a la paradoja del cretense.

Las paradojas, pues, no solo son una sorpresa previsible en la marcha del pensamiento. Son un síntoma histórico de la eclosión del interés por las cuestiones lógicas. Desde esta idea cabe una interpretación de que sea una vieja la que sostiene las serpientes. Es que la paradoja es más antigua que la lógica misma como ciencia. Se piensa que la del mentiroso se remonte por lo menos a la sexta centuria antes de Cristo, mientras que Aristóteles vive dos siglos después. Pero la señora no tiene por qué ser sin más una bruja nefaria, pues las paradojas tienen salida.

Que se haya querido figurar la «Diletica» —tal aparece rotulada en jerga toscana— en forma de paradoja que alumbra el paso a la lógica, algo más podrá querer decir cuando esto se hace justamente en la tribuna de la predicación litúrgica. Pues aquí la lógica no está en un códice, ni en un portal, ni en un monumento funerario, sino en un púlpito. Y es que el tonsurado que habla desde ahí habrá de estar suficientemente bregado en lógica para salir al paso de las aparentes contradicciones de la teología cristiana: que Dios es uno y tres, que Jesucristo es Dios y es hombre, que María es virgen pero ha tenido un hijo…

Mientras tanto, los adolescentes juegan todavía hoy a poner a morderse las serpientes, que no a dejarse morder por ellas como el infortunado Fileas. Y lo hacen incluso esgrimiendo quisquillas con aires de medioevo, como la que dice que si Dios es omnipotente, entonces no hay nada que no pueda hacer; pero si puede construir una montaña tan grande que no la pueda mover, entonces no es omnipotente; y si no puede, tampoco.

Fig. 8. *Lógica. Taller de Andrea Pisano, entre 1343 y 1360. Museo del Duomo de Florencia.*

5
MUJER Y PODADERA O TIJERA DE ESQUILAR
(MUSEO DEL DUOMO DE FLORENCIA)

Si tuviéramos un plano de la lógica como de una ciudad veríamos en él muchas calles. Son direcciones en que se ha desarrollado y sigue aún haciéndolo. Ella continúa urbanizando o parcelando áreas del pensamiento humano. Sin temor a equivocarnos, sin embargo, las diferentes variedades de la lógica que en el mundo han sido, y las que se esperan, parecen encajar en uno de estos tres grupos: lógica del razonamiento concreto, lógica del razonamiento abstracto y lógica del razonamiento constructo.

En el razonamiento concreto, supuesto que hagamos uso del lenguaje, nos servimos del lenguaje natural. Es decir, de alguna de las lenguas que se hablan en el mundo. Es un tipo de razonamiento en el que intervienen sentimientos, pasiones, prejuicios. En definitiva, elementos no lógicos. Pero define bien la manera como usualmente sacamos conclusiones en la vida cotidiana, como cuando juzgamos que un suceso confirma una opinión previa nuestra. Diversas tendencias de la lógica actual se ocupan de este tipo de razonamiento: la teoría de la argumentación, la lógica informal, el llamado *critical thinking*… En todas ellas se aprecia que la conclusión no es necesaria, podría ser otra distinta. Si a guisa de ejemplo decimos que si la máquina no funciona es porque no estará engrasada, esta causa que aducimos pudiera muy bien ser otra. Así, que ha perdido una pieza, o que ha decaído el suministro de electricidad. No está inequívocamente determinado el fundamento de la conclusión.

Por razonamiento abstracto podemos entender la lógica aristotélica y sus complementos en la lógica estoica, medieval o en la escolástica renovada. También esta lógica se despliega en lenguaje natural, pero a diferencia de la anterior es lógica formal. Además, la conclusión es necesaria. Diríamos que está adherida con una «cola» indeleble a lo que le precede. Esta lógica es abstracta en el sentido de que deliberadamente extrae estructuras del lenguaje natural y opera con ellas. Maneja, pues, extractos de pensamiento y de lenguaje como formas fijas. Por ejemplo, proposiciones de tipo universal o particular, de tipo asertivo o condicional. Es la lógica de la que nos ocupamos en este libro.

El tercer grupo es el que llamamos lógica del razonamiento constructo. Abarca todas las formas de lógica matemática o simbólica, desconocida en los tiempos en que la lógica era materia de las facultades de Artes. Esta lógica no solo es formal, sino que está formalizada. Es decir, lo característico de ella no es que parta de un idioma concreto, sino de unas fórmulas base que definen su propio lenguaje. Y sobre ellas edifica —construye— todo un sistema de manera rigurosamente deductiva. De suerte que todo lo que viene después está apoyado en esas fórmulas directamente o de manera indirecta (a través de otras que sí lo están). Esas fórmulas primeras son los axiomas. La lógica del razonamiento constructo es siempre una lógica axiomatizada y desenvuelta en un lenguaje artificial, creado ex profeso para ella.

Lo interesante es observar que, sin desmedro del nombre que hemos dado a la segunda, los tres tipos de lógica practican algún tipo de abstracción. Y entendiendo este vocablo en su sentido intransitivo como un *abstrahere ab aliquo*, como un prescindir de algo. La lógica busca exactitud, y para eso se ve obligada a sacrificar u omitir algo.

De ahí la pertinencia de una representación de la lógica como esta del siglo catorce, salida del taller de Andrea Pisano y conservada en el museo catedralicio de Florencia. La disciplina se ve encarnada esta vez por una mujer que lleva en la mano una especie de tijera gigante. No es una tijera barbera ni de costura. Tendría que ser visible el botón donde se articulan las dos hojas para que fuese una de las nuestras. Vemos, en cambio, que en su lugar hay vacío. El mecanismo es distinto, como el de una tijera de podar o una tijera de esquilar ovejas. Estos dos usos, la poda y el esquilado, sirven muy bien para ilustrar la índole de la lógica como abstracción. Y entendida esta primariamente ya como un prescindir de algo o como un extraer algo con lo que nos quedamos. Las dos acepciones están unidas, pero se puede acentuar una u otra.

En el ejercicio más cotidiano del razonamiento, nuestros argumentos vienen envueltos a menudo por un entramado lingüístico que no es imprescindible para entenderlos. Alguien ha llamado a este envoltorio la «hojarasca». Se trata de algo de lo que nos tenemos que deshacer, en el análisis de argumentos, para detectar la estructura de fundamento y conclusión. Y con esto guarda especial afinidad la imagen de la podadera. Exfoliando la fronda de los argumentos a golpe de tijera prescindimos de lo superfluo que no deja ver lo esencial y que rehusamos como hojarasca. He aquí una abstracción precisiva, un abstraer como prescindir de algo.

En el paso a la lógica formal adquiere relieve el otro aspecto de la abstracción, el de extraer algo para quedarnos con ello porque nos resulta provechoso. Es como la lana que se obtiene por el trabajo de los esquiladores, el cual permite decir que la lana «sale» de la oveja.

En una consideración intuitiva ya se puede entender que la lógica tradicional aristotélica practica una estilización de la argumentación cotidiana. Imaginemos una comida familiar en la que hay niños pequeños. Uno de los niños se levanta constantemente de la mesa, corretea, pone juguetes sobre el mantel y hacer un ruido que interfiere en la conversación de los mayores. Su padre le reprende con voz airada. Pero, entonces, la madre interviene conciliadora: «Déjalo, solo es un niño». Quiere decir que carece de madurez suficiente como para dominarse, y que por ello la reprimenda del padre no es proporcionada. Si en un alarde de petulancia trasladásemos esto a la forma de un silogismo clásico tendríamos algo como lo siguiente: «Ningún niño por debajo del uso de razón merece ser reprobado violentamente por su conducta en público; tu hijo es un niño por debajo del uso de razón; luego tu hijo no merece ser reprobado violentamente por su conducta en público». Es palmario que si la madre razonase de esta manera en voz alta no solo perdería la fuerza persuasiva del comentario espontáneo, sino que podría suscitar dudas sobre su cordura.

El razonamiento concreto habitualmente no discurre por los cauces de la lógica tradicional. Pero lo cierto es que esos cauces o moldes los ha creado esta lógica por abstracción. La lógica de Aristóteles abstrae del lenguaje unos moldes, en el sentido de que los extrae de él. Es como si se allegase al habla ordinaria para esquilar lo que le va a resultar provechoso. La primera proposición del silogismo recién construido comienza por «ningún». Es, pues, una proposición cuantificada, y además es negativa. La costumbre escolar diría que se trata de una proposición o un enunciado de tipo E.

La tradición aristotélica crea moldes por abstracción, lo cual permite operar con el razonamiento como un cálculo, pero con pérdida de la riqueza y la fuerza sugestiva del lenguaje natural. No solo estiliza prescindiendo de gollerías de ese lenguaje, sino que extrae efectivamente de él determinadas estructuras.

Ahora bien, si el esquilado ya es patente en la dialéctica medieval de enjundia aristotélica, aún es más evidente en la lógica matemática. Aquí la estilización ha llegado al grado sumo, al grado de prescindir del lenguaje natural. Una frase como «Ningún hombre es inmortal» acaba pudiéndose reducir a algo así como $\forall x \, (Hx \rightarrow \neg \, Ix)$. La x viste el papel de una variable indeterminada. Para toda x, si de x se predica que es H (= hombre), entonces de x se predica que no es I (= que no es inmortal). En realidad, la esquematización serviría igualmente para proclamar que ninguna patata es una legumbre. Por eso, la lógica simbólica o matemática no es simplemente una aljamía del razonamiento expresado antes en lenguaje natural. No nace con el propósito de transcribir el lenguaje vulgar a una lengua arcana y más esquelética. Aunque abstracta, la lógica matemática no ha procedido de intento a partir del razonamiento tradicional para esquematizarlo. No extrae estructuras de él, sino que construye estructuras base con fuerza deductiva y a las que da una interpretación creando un lenguaje artificial. Luego resulta que algunas de esas estructuras e interpretaciones «traducen» de manera admirablemente escuálida expresiones del lenguaje natural.

La lógica obliga a la abstracción, y más la lógica formal que el razonamiento concreto. Por eso Andrea Pisano ha preferido, antes que una madre complaciente, a una mujer con las tijeras dispuestas a podar o a esquilar.

Fig. 9. Typus logice. *Ilustración que encabeza el libro segundo de Margarita Philosophica, de Gregor Reisch (1503). Ejemplar de la Universidad Pontificia de Salamanca (edición de 1517).*

6

LA MUJER COMPLETAMENTE ARMADA
(*MARGARITA PHILOSOPHICA*)

Llegamos a la representación por defecto de la lógica, la que suministra cualquier motor de búsqueda digital a poco que se introduzca en él un epígrafe como «lógica» y se seleccione la categoría de imágenes.

Se trata del «typus logice», que significa «imagen de la lógica». Publicóse por vez primera en una especie de enciclopedia del saber a las puertas del siglo XVI, la *Margarita Philosophica* de Gregor Reisch. Algunos piensan que el autor de este xilograbado y de otros que adornan la obra desde su edición de 1503 es Beatus Murner, hermano de Thomas Murner. Este último, autor también de un tratado de lógica, vuelve a utilizar la ilustración seis años más tarde con ligeras variantes.

En un primer vistazo se advierte un dibujo acompañado de palabras insertas en él. Quienes entiendan que alegoría quiere decir una combinación de imagen y palabras tienen aquí la que es, probablemente, la alegoría más pormenorizada de la lógica que se haya intentado nunca.

La composición deja ver con claridad tres planos que atraen la atención. En el central domina la figura de la lógica como una mujer completamente armada, con arco, flechas, cimitarra y cuerno de montería. Por encima de ella y a la diestra se abre una zona de arbolado en segundo plano, la «silva opinionum» o selva de las opiniones, a la que se anteponen unos arbustos. Por debajo de la mujer se desplazan hacia la derecha dos perros que persiguen a un conejo y se adelantan hasta el primer plano.

Conviene hacer una lectura de este «typus» lo más adaptada posible a nuestras necesidades de comprensión de lo que es la lógica y de qué trata. Para ello parece que el mejor punto de partida es el cuerno que la cazadora está soplando. A su vera y por encima aparece la leyenda «sonus vox», es decir, «sonido voz». Pareciera que debería decir «sonido de la voz» («sonus vocis»). Pero, por sorprendente que pueda parecer, no hay error. La inscripción es correcta porque alude a una de las distinciones que se hacían constar por entonces en los inicios de los tratados sobre lógica. Es la distinción entre sonidos que son voz y sonidos que no pueden calificarse como voz portadora de significado, tal como sucede con los gruñidos animales o los sonidos que se producen en la naturaleza de manera puramente física.

Esta puerta de entrada a la interpretación del dibujo está indicando ya que la lógica tiene que ver con el lenguaje. Más aún, surge de un análisis de la manera como hablamos. Históricamente ha sido la reflexión sobre la defensa y la impugnación verbal de opiniones, o sobre engendros lingüísticos como las paradojas, la que abrió el camino de esta disciplina. Y ello vale también para su primer codificador, Aristóteles. Se ha pensado que su obra lógica más antigua es la que lleva el elocuente título de *Refutaciones sofísticas*.

La pregunta surge casi espontáneamente, a saber: si es que entonces el objeto de la lógica es el lenguaje. Y la respuesta ha de ser negativa. La lógica se endereza al pensamiento, no al lenguaje. Y de ese pensamiento le interesa la relación inferencial de fundamento y conclusión, lo que llamamos razonamiento. El uso medieval del latín también nos obsequió una palabra, raciocinio. De eso se ocupa la lógica. Lo que sucede es que a ese razonamiento le damos forma expresa en el lenguaje. Sabemos cómo razonan los demás atendiendo a lo que dicen. Y también nosotros manifestamos nuestro razonar por medio de palabras. Digamos entonces que la lógica recae en modo recto sobre el razonamiento, pero en modo oblicuo, y aunque sea lo más manifiesto e inmediato, sobre el lenguaje. No es una filosofía del lenguaje, pero tiene que ocuparse de él.

El lenguaje, la voz, fragua inicialmente de dos maneras distintas: el término y la proposición. Palabras como «mujer», «cuerno», «y», son términos. En sí mismos no son verdaderos ni falsos. En cambio, la proposición, estando compuesta de términos, es una frase declarativa de algo que puede ser tildada de verdadera o de falsa. Una pregunta o una orden no son una proposición. Para que haya relación de fundamento y consecuencia, de antecedente y consecuente, tiene que darse al menos una frase declarativa o proposición. Por ejemplo, «Ningún hombre es pez» autoriza a inferir su conversa: «Ningún pez es hombre». También ocurre con proposiciones que en realidad son más de una: «si llueve, la tierra se moja». Esta es una proposición compuesta de dos, «llueve» y «la tierra se moja», puestas en relación condicional. Se trata de una relación de implicación que expresa una condición mínima, suficiente, para que la tierra se moje. Sin excluir que pueda haber otras condiciones que lleven a ese mismo efecto. Los antiguos ya detectaron que de una construcción condicional así se pueden concluir dos razonamientos perfectamente válidos. Uno es el llamado *modus ponens*, es decir, la afirmación de la condición que permite concluir lo condicionado: «pero llueve; luego la tierra se moja». El otro se llama *modus tollens*, es decir, la negación de lo condicionado que permite concluir la negación de la condición. Negar es el significado que adopta el verbo latino *tollere*: «pero la tierra no se moja; luego no llueve».

Un periodo en que se puede distinguir un antecedente y un consecuente sería, según los conocimientos del autor del «typus logice», un argumento. La lógica versa sobre argumentos. Y así, quiérase casual o no, figura la palabra «argumentum» por debajo del brazo que sostiene el cuerno de caza. En nuestra clave léase que la argumentación, el razonamiento, es lo que sostiene la expresión lingüística que interesa a la lógica.

Pero lo que ha hecho el ilustrador es centrarse en el razonamiento más famoso de la lógica tradicional, en el silogismo. Es este una reunión de al menos dos proposiciones, a partir de las cuales puede inferirse otra distinta de manera rigurosamente necesaria. Las primeras se denominan premisas y constituyen el antecedente. La proposición inferida es el consecuente, que se llama conclusión. En las premisas hay un término que figura como repetido en ellas y que no pasa a la conclusión. Es el término medio, conocido así porque hace de medio de enlace de otros dos términos de las premisas, que luego funcionan como sujeto y predicado de la conclusión. A guisa de ejemplo: «Toda mujer que caza necesita armas; la lógica es una mujer que caza; luego la lógica necesita armas». Donde «mujer que caza» hace las veces de término medio.

En el dibujo el silogismo es la cimitarra. La dureza del acero de esta arma era proverbial, y aquí puede estar por la solidez incuestionable de la deducción que proporciona la inferencia silogística. Las dos premisas están asomando como flores por el cuerno de caza. Y la conclusión se adhiere al pecho de la cazadora con la silueta de un escorpión.

Si desplazamos la visión hacia la «selva de las opiniones» advertimos un pequeño inventario con cuatro denominaciones: albertistas, escotistas, ockhamistas, tomistas. Son tendencias o escuelas que marcan una diversidad de interpretaciones de algunos temas que formaban parte de los tratados de lógica. Vistos desde hoy, algunos de esos temas nos parecen más metafísicos que lógicos. Nos referimos, a modo de muestra, a la cuestión de los predicamentos y los predicables. Aparecen mentados entre los pies, calzados con albarcas, de la cazadora.

Los predicamentos eran las categorías de Aristóteles. Este había practicado una división de todo lo real y de todo lo pensable en diez géneros supremos. De ellos uno era la sustancia y los otros nueve eran accidentes, es decir, no gozaban de subsistencia propia, solo podían subsistir en una sustancia. Uno de esos accidentes era el lugar, que figura como «locus» lamiendo la aljaba de las flechas de la cazadora. Lo propio de los lógicos medievales era hacer un comentario a estos predicamentos, en lo cual podían manifestarse divergencias de interpretación. Así, al comentar la categoría cantidad podía abordarse la sutileza de si el número se distingue de la cantidad numerada. Pues bien, el interés por categorías como el «locus» ha dominado también a autores de nuestro tiempo. Henri Bergson estudió precisamente el «locus», y Xavier Zubiri presta especial atención al «locus» y al «situs».

Los perros de la parte inferior se denominan verdad y falsedad. Persiguen un «problema» que pasa plaza de matacán. El uso inveterado de asociar la lógica a la cuestión de la verdad reaparece precisamente aquí. Hasta el punto de asimilarla a la alternativa que planteó Parménides entre el camino de la verdad y el camino de la opinión de los hombres o falsedad. No en vano aparece en un extremo Parménides, al que empero no se le conoce contribución de nota a la lógica.

Los demás títulos salpicados por el dibujo aluden a partes de los tratados clásicos sobre lógica y a las partes de esas partes. Así, las súmulas solían contar con un apartado titulado «Fallaciae» donde se examinaban clases de incorrección en el razonamiento. Era un compendio de lo teratológico en la ilación de la inferencia. Así, los títulos «fallaciae extra dictionem» y «fallaciae in dictione», hechos visibles por el artista, pertenecían al estudio de las falacias. También había una sección de «Insolubilia» o paradojas. Para el final se dejaban los «Parva logicalia», que trataban sobre propiedades lógicas de los términos en la proposición, tales como la *suppositio*, la *restrictio*, la *ampliatio*… y sobre las proposiciones exponibles u ocultamente compuestas. «Si llueve, la tierra se moja» es abiertamente compuesta, se ve a simple vista su constitución desde dos proposiciones simples. Pero «Todos los cazadores, excepto Diana, son hombres» es ocultamente compuesta. En el caso, una exceptiva que se resuelve en varias simples: «Todos los cazadores son hombres», «Diana no es hombre» y «Diana es cazadora». Finalmente, el concepto de «quaestio», que figura entre el mango y la cuerda del arco, podía ser ingrediente de cualquiera de las partes de un tratado.

Fig. 10. *Versión del «typus logice» en el* Chartiludium logice *(1509) de Thomas Murner.*
El árbol de los escotistas, al fondo, es inequívocamente el más frondoso y lucido.
Es porque Duns Escoto había sido franciscano y Murner también lo era.

Fig. 11. *Alegoría de la Dialéctica en el Ayuntamiento de Lemgo.*

7
MUJER CON ARCO Y FLECHAS
(AYUNTAMIENTO DE LEMGO)

Quien pasea por la calle central de Lemgo, en la región alemana de Lippe, no puede dejar de admirar las fachadas de sus casas de entramado visto, con inscripciones todavía latinas en letras doradas, sus adornos, remates y frontispicios. La última conflagración mundial perdonó a Lemgo, que hoy exhibe el testimonio de un pasado esplendoroso. Pues aunque lo veamos como un pueblo que ha crecido más allá de su perímetro amurallado, en su época fue ciudad hanseática. Estaba en la misma alianza comercial de urbes como Lübeck o Bremen. Esto nos habla de una legendaria prosperidad.

Acercándose a la plaza principal de Lemgo, al visitante le llama la atención un a modo de cenador que sobresale a mano izquierda de la hilera de casas. Sobre el podio se levantan pilastras de arenisca roja que sostienen el entresuelo de una planta superior. En él se asienta la imperial de un balcón en el mismo estilo renacimiento, su pretil seriado por un friso de alegorías. Los ojos identifican raudos las figuras que aparecen en él por el título que llevan: gramática y dialéctica. Esto invita a ir en derredor de esta especie de templete colorado y comprobar que tiene puerta con el edificio a que está adosado. Y que por el friso continúan la retórica y las demás artes liberales, siempre presentadas como mujeres con determinados atributos, en color ahuesado que destaca sobre el fondo rosaláceo.

La dialéctica es aquí una mujer sentada en el suelo, que cruza una pierna sobre la que tiene extendida. Con una mano sostiene por el mango un arco de brazo bilobulado. La otra se la lleva al carcaj para coger una flecha. No es una amazona porque muestra los dos pechos desnudos. Pero está claro que el artífice, que no es precisamente un artista de lustre, ha querido figurar la lógica como una mujer que maneja el arco y las flechas.

Si luego se continúa el sentido de la calle se dobla pronto a izquierda la esquina del edificio principal, y los ojos se asombran ante una nueva maravilla. Desde una balconada vidriada de dos alturas, coronada por un sinuoso frontón, se asoma desde los inicios del seiscientos la farmacia del ayuntamiento. El friso que la recorre recopila esta vez efigies de personajes real o supuestamente relacionados con la farmacopea y el arte de curar. Pedanios Dioscórides, Aristóteles, Rhases, Claudio Galeno, Hipócrates, Hermes Trismegistos, Ramón Llull, Geber, Andrés Vesalio y Teofrasto Paracelso pueden ser contemplados desde la plaza principal de la villa. Las dimensiones del edificio nodriza de los dos aditamentos salidizos no dejan lugar a dudas. Se trata de la casa consistorial de Lemgo.

El carácter práctico y comercial de la botica municipal justifica esta colección de celebridades a efectos de publicidad, asociada al hecho de que la farmacia disponía de su propio huerto para el cultivo de plantas medicinales. Pero no resulta tan evidente la razón por la que el consistorio cívico se ha decidido a elegir, como tema decorativo del cenador abierto al *cardo* de la población, las siete artes liberales. Hasta ahora se ha visto la figuración de estas artes vinculada a entornos prevalentemente religiosos: códice abacial, una fachada de catedral, un sepulcro sagrado, un púlpito, un museo catedralicio. Pero también apuntaba un uso civil de las mismas en el hecho de verse incluidas en un intento de ilustración para el común de las gentes. La *Margarita Philosophica* había sido calificada en uno de sus poemas laudatorios, el de Filomuso, como una *cyclopaedia*. Este es uno de los testimonios más antiguos del concepto de enciclopedia, que conforme al uso actual compila saberes de todo linaje, sagrados y profanos. Y tiene alcance universal.

La ornamentación del friso del balcón con artes no mecánicas —la medicina todavía era mecánica en muchos libros— tiene lugar en 1587. Pero es muy posible que el proyecto original provenga de antes de 1565, la fecha consignada en la planta inferior para documentar su construcción. En todo caso, la datación del friso indica que, para entonces, el concejo seguía teniendo por muy apreciable el valor de artes como la gramática, la dialéctica o la retórica.

Una razón de esto parece hallarse en el auge vivido por la escuela local de Lemgo, bajo la dirección del maestro Bernhard Copius, en los años sesenta del siglo XVI. Lemgo disponía de escuela propia, lo que la convertía en un centro de atracción para alumnos de otras poblaciones. Copius fue contratado para dirigir el establecimiento desde 1559. Al año siguiente se abre una imprenta en la población, la tercera creada en Westfalia. Copius figura como impulsor de la misma, y ese mismo verano hace imprimir el programa escolar que explica la distribución de materias, con presencia de la dialéctica en los cursos superiores. Y no solo eso. En agosto da a las prensas el primero de los siete libros que publicará allí. Su título lo dice todo: *Partitiones Dialecticae ex Platone et Aristotele*. Es decir, como ocurrió con la primera imprenta del Nuevo mundo, el primer libro de estudio en tipos de imprenta es un libro de lógica.

Copius estuvo cerca de ocho años en ese puesto rectoral. Pero la reimpresión de sus libros y la presencia de antiguos alumnos suyos en la política local puede explicar que perdurase la eficacia de su enseñanza. Por otra parte, ésta preparaba para el ingreso en la Universidad de Marburgo, a donde el profesor se trasladó tras dejar los bártulos colegiales. Ello permite apreciar que la dialéctica no era solo asunto de facultades de artes, sino disciplina de obligado estudio en el currículum escolar. Y en Lemgo lo era después de la gramática —o iniciada la misma— y antes de la retórica, tal como en los relieves.

La mujer armada solo con un arco refleja que la dialéctica tiene que ver con algún ejercicio de hacer puntería. Ya Aristóteles había dicho que si se tiene claro cuál es el mayor bien habremos de tender a él como arqueros al blanco. Solo que, en el caso de la lógica, la diana no está ante nosotros como preconcebida. El bien aquí es la conclusión correcta. El cálculo por el que se apunta a la misma se apoya en el antecedente o condiciones previas. Y la ejecución del tiro es la inferencia.

La lógica trata sobre la inferencia correcta. No hacer blanco quiere decir errar en el razonamiento, incurrir en falacia. Y esto, aunque las frases que se manejan sean todas ellas verdaderas. Una cosa es la corrección formal y otra distinta la verdad. Entre los hombres del Renacimiento llamó mucho la atención un animal exótico, la abada o rinoceronte. Algunos príncipes dispusieron de algún ejemplar para contemplación privada o, como Felipe II de España, para exhibición pública. Y alguien podría servirse de la sistemática actual para razonar de esta manera: «Si todas las abadas son mamíferos y todos los paquidermos son mamíferos, todas las abadas son paquidermos». Todo lo que se dice aquí es verdadero. Y la conclusión también lo es, pues los rinocerontes son animales de piel muy gruesa, paquidermos. Pero la conclusión no se sigue limpiamente de las premisas. Tal y como están formadas, nada impediría que la clase de las abadas y la clase de los paquidermos fueran exteriores la una a la otra, sin tener nada en común. Una cosa es la corrección y otra la verdad. Y esto sin faltar al hecho de que para conocer la verdad necesitamos proceder de manera recta en el razonamiento.

Deslindar la corrección formal de la verdad y aun del ornato ha necesitado de un largo camino histórico. Así, en el tiempo de los humanistas hubo una tendencia a diluir la lógica en retórica. Las *Partitiones* de Copius comienzan con una definición de la dialéctica que resulta sospechosa en este sentido: «Dialectica ars est bene disserendi de omni proposito». La dialéctica, dice, es el arte de disertar bien acerca de cualquier cosa propuesta. En la idea de lo propuesto está recogida la tensión hacia algo puesto frente al sujeto, como ocurre con un blanco de tiro. Pero el verbo *disserere* es tan ambiguo —tratar, hablar, discutir, disputar— que deja abierto si esa disertación es buena por ser congruente o por ser atractiva. Teniendo en consideración que el subtítulo de la obra anuncia añadiduras conforme a Rodolfo Agrícola y Philipp Melanchton, la sospecha parece justificada. Estos últimos autores están influidos por el ramismo, que acusa precisamente esa preponderancia de la retórica. La cual pone por delante el designio de bien decir para persuadir. Un siglo más tarde, el peligro será el estrabismo de la lógica hacia la teoría del conocimiento de René Descartes. Frente a esto, la lógica ha sabido encontrar su propio camino cuando se ha apartado de la verdad y de la persuasión verbal para restringirse a ser solo ciencia de la inferencia correcta.

Así y todo, Copius distinguía tres cursos de dialéctica y dos de retórica en su programa. El orden de prelación es ese, el del friso del ayuntamiento. El mensaje que puede sugerir esa serie de relieves es que las artes liberales se pueden tomar como proyecto de ordenación y construcción del mundo; por lo tanto, también de la parte más cercana del mismo, de la ciudad, del vecindario y de la familia. No olvidemos la trascendencia que podían tener en orden a la adopción de un camino en la vida. En Lemgo hay una, así llamada, Casa de los planetas. Su fachada testimonia el interés por la astronomía que desde la Antigüedad estuvo ligado al cálculo de las cosechas. Y por lo que hace a la dialéctica, ésta parece tener también una utilidad negativa en una ciudad comercial. El espacio abalconado que muestra a las artes liberales era la oficina de los señores del grano. Ellos tenían el control sobre la venta de cereales en toda Lippe. Un dibujo de la época sobre la actividad comercial lleva esta advertencia: «Invida fraus, turpis fallacia, scriptor aberrans, impellunt tetritas mercatori undique lites». Donde se pone sobre aviso de que también el razonar engañoso en las actividades venales puede tener funestas consecuencias. Así sonaría esta precaución en nuestro idioma: «la mentira envidiosa, la vergonzosa falacia, el escribano que yerra, la oscuridad, todas estas cosas empujan al comerciante a las pendencias».

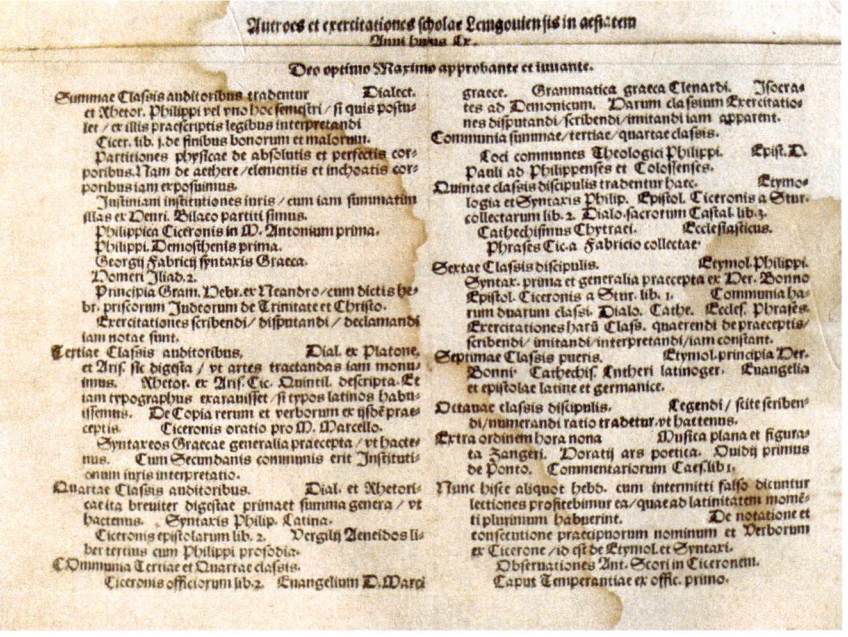

Fig. 12. *Fragmento del primer programa escolar impreso para la escuela municipal de Lemgo, en 1560. Conservado en la Biblioteca del Conde Augusto, en Wolfenbüttel.*

Fig. 13. *Balcón de los señores del grano de Lemgo, de Georg Crosman.*
Vista de la representación de la gramática y la dialéctica.

Fig. 14. *Dialéctica. Real Biblioteca del Monasterio de San Lorenzo del Escorial. Recreación del autor.*

8

LA MUJER CON LOS CUERNOS DE LA LUNA
(MONASTERIO DE EL ESCORIAL)

El rey prudente Felipe II llevó a término la construcción de un gran centro y símbolo de la monarquía española cerca de El Escorial, en la Sierra de Guadarrama. El majestuoso edificio, dedicado a san Lorenzo, costó más de veinte años de trabajos. Está concebido como palacio y centro civil de gobierno, pero también como centro religioso de culto, vida conventual y formación de futuros religiosos. O tal vez habría que cambiar el orden. Hay muchos detalles que sugieren que Su Majestad católica había querido hacer un palacio dentro de un monasterio.

La presencia del elemento religioso quedaba asegurada no solo por la inmensa basílica, el simbolismo decorativo y el oportuno archivo de libros espirituales, sino por una nutrida comunidad de monjes jerónimos. Ellos debían hacer de moradores permanentes del recinto más allá de la existencia física del rey. Como de hecho sucedió, hasta mediados del siglo diecinueve, con alguna que otra interrupción.

Un exponente de la preeminencia de lo religioso en el significado de conjunto de la magnífica construcción es su librería. Hoy la admiramos como una de las bibliotecas renacentistas más bellas del mundo. Y somos conscientes de que sus apotecas albergan no solo obras religiosas, como originales autógrafos de santa Teresa de Jesús. También abundantes volúmenes de saber profano, en el que contó por deseo del rey la descripción naturalista detallada de especímenes botánicos y zoológicos del Nuevo mundo. Pero la librería forma una pieza con el corazón religioso del edificio. Atraviesa por encima la puerta de entrada y el zaguán que da paso al Patio de los Reyes. El mismo que representa a esos personajes del Antiguo Testamento y da acceso, a su vez, a la basílica. Si contemplamos la biblioteca a lo largo la vemos relacionada también con la clausura monástica. De hecho separaba dos zonas. En una de ellas los candidatos a la vida religiosa orientados a recibir las órdenes estudiaban filosofía. En la otra estaban las aulas de los que ya habían pasado a los estudios de teología.

Esta distribución ha marcado los motivos decorativos de los extremos de la erudita sala, por encima de las dos únicas puertas de ingreso. Pues uno acoge la pintura de la filosofía y otro la de la teología. O dicho de otro modo, los «filósofos» entraban por una puerta y los «teólogos» por la situada ciento noventa y cuatro pies enfrente. Fray José de Sigüenza, uno de los artífices de la biblioteca con Benito Arias Montano, se refiere así al colegio de filosofía:

> «allí comienzan los religiosos, siendo mancebos, los estudios, comenzando por la dialéctica, y la Teología, aunque también allí se estudia, no se goza de ella en aquellos primeros años, que se gastan todos en altercaciones, y disputas, y opiniones, hasta que, reposados y maduros, gozan en las celdas de su convento, los frutos que dieron aquellas raíces amargas de las disputas y escuelas»[1].

El primer historiador de Felipe II se refiere aquí expresamente a la dialéctica, y por ella tenían que pasar los fámulos, que llegaron a sumar alguna vez más de cincuenta entre los dos grupos.

Lo que no olvida el visitante de la librería, además de la estudiada composición de los muebles con anaqueles, es la decoración pictórica de la estancia. Se encargó al italiano Pellegrino Tibaldi, seguidor e imitador del célebre Miguel Ángel. La ejecución de los frescos se dilató entre 1586 y 1592. El programa iconográfico de la bóveda está centrado en las siete artes liberales. Como quiera que aquella descansa sobre dos muros de pared, la parte superior de ellas desde la cima de las estanterías exhibe pintura relacionada, en cada caso, con una de las artes.

Pero vayamos a la dialéctica, que con ese nombre ocupa la tradicional tercera posición del trivio. Es una mujer vista en escorzo desde abajo, pues está flotando entre nubes. Como todas las demás artes. Y, como ellas, con notable rasgo miguelangelesco que recuerda a la Capilla Sixtina. El punto de vista elegido por el artista ha querido que la Luna quede parcialmente tapada por la cabeza. Se ven tan solo los cuernos de la Luna, que por su disposición se antojan cuernos como los de un toro o minotauro. Quien ve esta pintura con un cierto bagaje de conocimientos lógicos no puede por menos de pensar en el llamado silogismo cornudo o dilema. San Jerónimo usaba ese nombre de *syllogismus cornutus*, aunque sea cuestionable que aquí haya un solo silogismo. Y estamos en un monasterio de jerónimos.

Técnicamente un dilema es un razonamiento que presenta dos alternativas excluyentes. Cualquiera que sea la que escojamos nos lleva a una misma e idéntica conclusión. Digamos que, sea por un pitón o por otro, uno no puede escapar de la cornada.

El dilema ha quedado reflejado en la sabiduría del pueblo, como en este dicho de Antonio Machado: «Ni contigo ni sin ti mis penas tienen remedio. Contigo porque me matas y sin ti porque yo me muero». La conclusión es, a saber, mi muerte de

---

[1] Sigüenza, Fray José de: *Historia primitiva y exacta del Monasterio del Escorial.* Imprenta y Fundición de M. Tello, Madrid, 1881, 376.

todas formas. Una jota popular recoge un cierto ejemplo de dilema: «Si canto, me dicen loco. / Si no canto, cobarde. / Si bebo vino, borracho. / Si no bebo, miserable». Es dilemática la letra en el sentido de que cualquiera que sea lo que haga el resultado es un juicio desfavorable de los demás sobre mí. El dilema, en fin, ha quedado prendido a algunos argumentos corrientes sobre la inconveniencia del matrimonio, como este decir que se oye en Ecuador: «El que tiene mujer bonita en la casa tiene el diablo metido en casa, y el que tiene mujer fea en su casa la misma cosa le pasa».

Si la imagen de la dialéctica en San Lorenzo del Escorial es la del dilema, entonces estamos ante una alegoría de la dialéctica no por idea abstracta, como la del acierto en la inferencia o la frugalidad de esta arte. Ni tampoco por un tema específico como las paradojas insolubles. Estamos más bien ante un tipo concreto de razonamiento perfectamente catalogado en los manuales clásicos.

Hay quien ha querido ver en el *argumentum cornutum* un simbolismo del razonamiento perfecto que lleva a la conclusión inapelable. Es inevitable rendirse a la conclusión. La verdad es que para hacer ese viaje no hacían falta tales alforjas. Otros tipos de razonamiento más sencillos habrían mostrado igualmente el carácter apodíctico de la conclusión. Pero acaso el dilema muestra esto de manera tanto más rotunda por cuanto, de premisas divergentes, se logra una conclusión unánime. La pretensión de representar el dilema en el compartimento destinado a la Dialéctica es confirmada por el padre Sigüenza:

> «La Dialéctica viene luego en tercer compartimento y cuadro, otra mujeraza valiente, y es mucho en cabezas tan grandes mostrar tanta hermosura, ésta la tiene, lindo rostro, y en un escorzo difícil, tiene los brazos tendidos, la una mano abierta y la otra cerrada, para mostrar que enseña cómo se ha de dilatar un sujeto y recogerle, que son dos grandes virtudes de su arte. La cabeza tiene coronada con los cuernos de la luna, para significar aquella manera de argumento que los griegos llaman dilema, y los latinos argumento cornuto, con que se aprieta mucho al adversario, y con que más fuertemente le derriba y vence»[2].

La mano cerrada y abierta evoca esa misma imagen en Zenón de Elea, de quien se dice que significaba la retórica con una mano abierta y la lógica, por su rigor, con una mano cerrada. Sin embargo, lo que dice el padre Sigüenza tiene que ver más bien con el llamado mecanismo de la subsunción. Según éste, todo el silogismo estaría ya encerrado en la premisa mayor, y hasta en su sujeto solo, aunque aparezca desplegado en su presentación convencional. Zenón, por lo demás, está pintado en uno de los bandos de pared, pero eligiendo entre la puerta de la falsedad y la de la verdad. De nuevo, pues, el recuerdo de Parménides para vincular la lógica con la verdad.

[2] *Ibid.*, 383.

En el otro bando se representa a san Ambrosio, que acoge a san Agustín en la Iglesia en presencia de su madre Mónica. Una leyenda enigmática dice a sus pies: «A logica agustiniana liberanos Domine». «De la lógica agustiniana líbranos, Señor». Esa lógica de san Agustín debe ser, desde luego, anterior a la conversión del retórico norteafricano. No conocemos que Agustín profesase una lógica especial antes de su bautismo. Quizá la invocación tiene que ver con su paso por el maniqueísmo, que más bien es una postura metafísica. Pero error, al cabo, que no podría sostenerse sin el artificio del sofisma. Al poner a la base de toda la realidad el principio del bien y el principio del mal, el maniqueísmo estaba asignando el mismo peso a la verdad y al error. Esto es contrario al eleático Zenón, que no duda de la preeminencia de la verdad. Y también repugna al argumento cornudo, que aunque fuera metiendo al interlocutor en un callejón sin salida, le obligaba a convenir en una conclusión única y sin sustituto posible.

Otros dicen que la prevención ante la lógica agustiniana sería la de los donatistas y herejes de varia ralea, convencidos de la inutilidad de contender con la capacidad dialéctica del obispo de Hipona.

Fig. 15. *Vista del monasterio de El Escorial. Se aprecia la fachada principal, en cuyo segmento central se aloja la Real Biblioteca. Por estar bajo la advocación de san Lorenzo se la llama Biblioteca Laurentina.*

Fig. 16. *Personificación de la dialéctica como Hermes. Tapiz de las Artes Liberales de Castrojeriz.*

9
EL DIOS MERCURIO CON CADUCEO
(TAPIZ DE CASTROJERIZ)

La villa de Castrojeriz tuvo su importancia en relación con la mesta y con el lanificio, una de las artes mecánicas reconocidas en el *Didascalion* de Hugo de San Víctor. Siendo lugar de paso del Camino de Santiago, en la modernidad temprana se convierte en la zafra que llega a fiscalizar buena parte de la exportación de lana castellana a los mercados del norte de Europa. Y, de retorno, la importación de manufacturas flamencas. Es así como a esta localidad burgalesa vino a parar una serie de tapices que representan a las artes liberales.

Están confeccionados en Brujas, en el taller de Carolus Janssen, por el mil seiscientos y cincuenta y tantos. Léase en días del Barroco y de paz cumplida en los campos de Europa. Se han usado como plantillas cartones de Cornelius Schut. Este epígono de Rubens deja ver su mano en otros tapices repartidos por Roma, Milán y Zamora.

El programa interesa, según se dice, un total de ocho colgantes de tela. El primero es el llamado «Compendio y apoteosis de las Artes Liberales», que es el que aquí cita nuestra mirada. Después hay uno dedicado a la diosa Sabiduría, madre de las ciencias. Un tercero muestra a la gramática, fundamento de la retórica y la dialéctica. Y a continuación tres disciplinas del *quadrivium*. Se habrían perdido la Geometría y la Retórica. Pero, ¿dónde está la Dialéctica misma? De una serie hecha con los mismos cartones y que quedó en Bélgica se ha dicho que era de nueve tapices... Esto parece más atento a respetar la dignidad propia de cada arte.

La dialéctica aparece, empero, en el tapiz general de las artes liberales. Y tanto en el de Castrojeriz como en su réplica del museo Gruuthuse de Brujas. A guisa de panorama, la obra regala en un esplendor de colores la reunión de las artes en lo que semeja una suerte de templete al aire libre. Son personajes femeninos y masculinos, que adoptan distintas posturas. Guarnecidos con sus instrumentos, pertrechos y símbolos, cada uno está manos a la obra en la ejecución del arte que le es propio. Ahí, en segundo plano, está el dios Mercurio como sustanciación de la dialéctica. Conversa con un viejo rétor y lleva la cabeza coronada de laurel en lugar del sólito pétaso alado.

Mercurio es el dios Hermes de la mitología griega, el faraute de los dioses. Como heraldo de los mensajes olímpicos cumple una misión literalmente dialéctica y analéctica a la vez. Es dialéctica porque propicia el diálogo entre los equiparados por la condición de mortales, siquiera sea un diálogo que ha menester de los aparejos de la interpretación. Pero es también analéctica porque invita a mirar hacia arriba (ανά), al mundo divino del que es resonador y embajador autorizado.

He aquí la doble faceta de Mercurio. De un lado siembra la comunicación, lastrada con todo su fárrago de ambigüedades, la volubilidad del lenguaje. De otro lado eleva a los hombres a un cielo de pureza que sana la herida de los ambages y las contradicciones. Los alquimistas del tardo medievo encontraban esta duplicidad en el azogue, el mineral denominado también mercurio. El azogue es esa plata zingolotina que se dispersa en una especie de negación de una identidad propia. Pero al mismo tiempo es el metal que admitía aleación con todos los demás metales conocidos entonces. Es el dechado de la unidad. No puede extrañar que algunos cristianos que practicaban el arte regia asimilasen el azogue a la madre del Señor, la que tiene el poder de unir. Al fin y al cabo era ella también la *pulchra ut luna*, bella como la Luna, acercada así al planeta que los alquimistas asociaban a aquel mineral.

La bivalencia de Mercurio queda en el tapiz reflejada en el lugar que ocupa y en el instrumento que porta, un caduceo. El lugar es central y prominente, diríase entre el cielo y la tierra. Es el único personaje que afecta ser divino, y por tanto su sola presencia instaura la diferencia. En él se cumple que la escena sea una apoteosis, un descenso de la divinidad. Pero con su varita parece que viene no solo a discriminar, sino también a poner concierto entre los circunstantes.

El caduceo es de larga data insignia de Mercurio. Consiste en una varita, probable estilización de un antiquísimo árbol, alrededor de la cual se enrollan dos serpientes de manera sorprendentemente simétrica. La figura que crean es la de una cenefa con forma de *hipopeda*, el lazo que se utilizaba para inmovilizar a los caballos por sus patas. En la parte superior asoman, frente por frente, las cabezas de los ofidios.

Con este cetro pudo Hermes encantar los ojos de los mortales y despertar a los que dormían, según refiere el ínclito poeta ciego en sus versos a la gloria de Ilias. El caduceo, vale decir, comporta la negación como tiniebla y el poder de alumbrar la claridad desde el seno de esa oscuridad. Por ello es también un emblema de paz y concordia, de salud. No extraña que los griegos lo eligieran igualmente como atributo del dios Asclepio, patrón antiguo de los médicos de la cuenca mediterránea.

La ambivalencia de Mercurio y del caduceo halla un trasunto en aquella lógica que obra la separación y desde ella genera la unión. Es la lógica que exhibe el poder fecundo de la negación como fuente de afirmación. Hegel la llamará «dialéctica» siglo y medio después de quedar tejido el tapiz de Castrojeriz. Con esa palabra no pretende mentar a la lógica en sentido tradicional, sino una concepción de la lógica que es capaz de superar los antagonismos por vía de elevación. Habría una contradicción que no es lógica, sino dialéctica. Aquella es de todo punto inadmisible.

Esta pone en juego elementos contrarios y de ahí obtiene su conciliación. Como Mercurio, que tenía el poder de separar a las serpientes que se baten, de deshacer el entuerto. A esta «contradicción dialéctica» le sacará raíces el filósofo suabo en la filosofía griega preplatónica. Singularmente en Heráclito, con sus aseveraciones de nadie puede bañarse dos veces en el mismo río, o de que la guerra es el padre de todas las cosas.

Pero separar las serpientes en liza es negar la negación. La lógica tradicional ya practicaba la «lógica dialéctica» hegeliana en el caso de la doble negación, que indefectiblemente daba afirmación. Una negación niega a la otra, como ocurre entre tesis y antítesis, como entre las dos serpientes del caduceo. Y la contradicción se resuelve en una afirmación superadora. Como ocurre en la lógica proposicional moderna y como ocurría en la lengua latina. En esta última, una declaración como «non nullus habeo remorsum» no se traduce como «no tengo ningún remordimiento», sino como la afirmativa «tengo algún remordimiento». Y maguer no florezca este poder asertivo de la doble negación en todos los idiomas, encontramos vestigios inesperados del mismo. Así, en la tradicional palabra castellana «nonada», que en uno de sus significados alude a algo, por más que pequeño. Ya decían las súmulas de Pedro Hispano que «algo» y «no nada» son equipolentes, es decir, equivalentes por el rodeo de incluir la negación.

A favor de esta vinculación no insensata, aunque ficticia, del tapiz con la contradicción dialéctica hegeliana habla el apotegma que lo preside. En el margen superior se lee: «Artus deprimit bellum a quibus sustinetur». Lo que en el latín sentencioso del Barroco quiere decir: «La guerra hace languidecer el conjunto de los miembros por los que es sostenida». Esos miembros son las ciencias, idealizadas en las siete artes liberales. Lo cual indica que el cultivo de estas artes al servicio de la guerra obra en detrimento de ellas mismas, las niega. Su afirmación genera su negación. En realidad, el tapiz entero parecería preparar este pensamiento. Y probablemente ha sido concebido sobre el trasfondo de la amarga experiencia de la Guerra de los treinta años, una vez firmada la Paz de Westfalia. La Geometría se recuesta sobre planos de fortificaciones diseñadas para soportar la acometida de la artillería. Y el mismo Mercurio está ataviado con vestimenta de guerrero. Ello no impide la visión apacible del conjunto como la de una Arcadia donde todo es armonía.

Fig. 17. *Compendio o apoteosis de las Artes liberales, en la Iglesia de San Juan, de Castrojeriz.*

10
CUANDO LA LÓGICA NO ESTÁ

Un librero anticuario de Madrid consiguió vender, en 2020, la obra lógica de Fernando de Enzinas, *Oppositiones*, por 7.500 euros. La tenía en un solo volumen encuadernado en piel que juntaba los tres tomos de que consta. El primero trata de relaciones de oposición en proposiciones sin pronombre relativo. El segundo trata de las mismas pero con pronombre relativo. El último aborda la oposición de los exponibles, los que luego se llamaron proposiciones ocultamente compuestas.

Las *Oppositiones* de Enzinas, anteriores a 1523, son testimonio de una época fenecida de efervescencia de los estudios lógicos. Estos llegaron a ocupar tres años en los planes de estudio de la Universidad de Alcalá de Henares, donde Enzinas fue profesor. Luis Vives se quejaba con amargor del plan bienal que él había seguido en París con el lógico aragonés Gaspar Lax. Desde esta frondosidad dialéctica hasta el escueto *collegium logicum*, el curso de lógica que se le servía a un estudiante de inicios del siglo XIX, hay un proceso de progresiva debilitación. En realidad se produce un cambio de horizonte epistémico. Este es el que explica la desaparición de formas plásticas de la lógica más allá de ausencias presuntamente fortuitas, como pudiera ser la de la Portada del Sarmental de la catedral de Burgos.

La aparición de nuevas filosofías que aspiran a tomar el relevo de la gran corriente aristotélica y escolástica, y que hoy estudiamos en los cursos de filosofía moderna y contemporánea, tenía que llevar también a un declive de la lógica tradicional. Pues esta era una expresión de esa corriente. Al extremo que Vicente Muñoz Delgado la llamó lógica filosófica por contraposición a la lógica matemática actual. Los conceptos metafísicos de sustancia y esencia, y el realismo gnoseológico y lingüístico, son la horma de ese tipo de lógica. Conocer es conocer las sustancias y lo que son de veras, sus esencias. Hay una correspondencia entre realidad, pensamiento y lenguaje. Pero si el realismo del conocimiento se torna dudoso (Descartes) y la sustancia se juzga imaginaria (Locke) se comprende que poco terreno firme le queda a la lógica tradicional.

La boga de la ciencia moderna, entendida al principio como una filosofía nueva, tiene su parte de responsabilidad. Los pioneros de la revolución científica llegan a cuestionar la concepción aristotélica de la ciencia, como expresamente ya hace Galileo. Resulta, sin embargo, que esa ciencia demostrativa de Aristóteles estaba soldada a su silogística, y por tanto a su lógica formal. En la portada de la *Nova Scientia* de Nicoló Tartaglia ya no se distingue a la dialéctica entre la muchedumbre de las ciencias. Parece que en esa congregación interesan más las que ayudan a calcular la trayectoria de una bala de cañón. Algo parecido observamos en los azulejos de la Universidad de Évora. Las aulas están dedicadas artísticamente a parcelas del saber, cuyo título ostenta el frontispicio de cada puerta. Están todavía la metafísica, y la astronomía, y las matemáticas. Pero se advierte sobre todo la pujanza de la física. El designio de conocer las «esencias» de las cosas se ilustra con un taller químico y un artilugio para la destilación. Abundan imágenes de procesos fabriles. La lógica está ausente.

Cuando, por este camino, se llega al Siglo de las luces escuchamos el lamento del padre Feijoo: «Mientras en el extranjero progresa la física, la anatomía, la botánica, la geografía, la historia natural, nosotros nos quebramos la cabeza y hundimos con gritos las Aulas sobre si el Ente es unívoco o análogo; sobre si trasciende las diferencias; sobre si la relación se distingue del fundamento». Temas todos metafísicos, pero solidarios de la lógica de toda la vida que él había aprendido en el monasterio de San Salvador de Lérez. No puede sorprender que un siglo más tarde, cuando Jaime Balmes estudiaba en la Universidad de Cervera, corriera de mano en mano un folleto titulado *Oración fúnebre dicha en las exequias del ente de razón*. Se vendía a real en la calle del Xuclá de esa población de la provincia de Lérida. Y si hacemos cuenta de que ese ente era el objeto de estudio convencionalmente asignado a la lógica, comprendemos que ésta ya es contemplada sin disimulos con distancia. Tanta como la requerida para que aflore la sorna.

La atención a la experiencia sensible, divisa de la nueva mentalidad científica, termina promoviendo al rango de ciencia el estudio de lo particular y contingente. En el gran siglo ilustrado los benedictinos, hermanos de religión de Feijoo, profundizan en la metodología para el estudio de la historia. En su abadía de Sankt Peter, en la Selva Negra, se visita todavía la antigua biblioteca monacal de estilo rococó. Desde la planta principal, una escalera semioculta en un ángulo conduce a una rotonda superior. El segundo nivel está enjalbegado como el primero, y tiene también nichos en las paredes que encajan alacenas de libros. Todo parece dormir algodonado entre la voluptuosidad de un yeso con aspecto de leche merengada. Una balaustrada delimita la planta alta marcando el borde del vano que se abre al piso de abajo. Sobre su pretil se han jalonado figuras alegóricas de diversas artes en sus peanas correspondientes. Hay una para la Historia, pero inútilmente buscaremos a la Dialéctica.

El mundo decimonónico conoce el aflojamiento de la praxis controversística en la enseñanza universitaria. Al mismo tiempo se van sustituyendo las antiguas escuelas de latinidad por nuevos centros educativos, con especial protagonismo de los institutos de segunda enseñanza. En ellos no se excluyen por principio unos rudimentos de lógica tradicional. Joaquín Palacios Rodríguez, en sus discursos como director del Instituto de Sevilla, se atiene incluso a la división tripartita del saber en Lógica, Física y Ética. Algo queda del concepto de lógica, aunque sea en esa versión de más amplio vuelo de la tríada inmemorial. Pero en la formación de los futuros maestros, por ejemplo en Inglaterra, la lógica deja de ser considerada un adminículo y desaparece de los planes de estudio. Algo que a Bernhard Copius le hubiera parecido incomprensible.

El abrirse paso de la lógica matemática durante el siglo diecinueve es denodado y lento, propiamente no cabe decir que llegue a la enseñanza. La lógica tradicional pervive en el bachillerato y en los estudios universitarios de filosofía, así como en los seminarios diocesanos y estudios conventuales. Pero nadie diría ya que ocupa un puesto de honor en el olimpo de las artes y las ciencias.

Señal de ello es la decoración en el techo del Salón de Actos del Ateneo de Madrid. Arturo Mélida ejecuta, en 1884, una suerte de plafón con alegorías de doce artes. La filosofía tiene su medallón, pero equiparable a los demás, sin denotar preeminencia alguna. Del antiguo trivio puede asociarse la gramática a la Poesía y la Literatura, mientras que la retórica ha sido sustituida por la Elocuencia. Ni rastro de la dialéctica. La matemática, la arquitectura, la ciencia física y la música tienen que ver, obviamente, con el viejo cuadrivio. La Historia tiene ya carta de ciudadanía. Y se incorporan artes que antaño se considerarían mecánicas: pintura, escultura y arte escénico.

En el siglo veinte se ha mantenido un lugar en las enseñanzas medias para la lógica tradicional. Al menos en España hasta el último cuarto del siglo veinte. A menudo sin entender ya su sentido y ubicación. De la enseñanza universitaria casi ha desaparecido, salvo en los estudios eclesiásticos y acaso en el programa de algún profesor que actúa como verso suelto. Y aun cuando los británicos y anglosajones hayan mantenido en su nomenclatura académica el título de *Bachelor of Arts*, la resonancia medieval del mismo es aparente, pues la lógica no está.

La implantación paulatina de la lógica matemática ha provocado una falsa impresión de rivalidad con la lógica aristotélica y escolástica. Ha podido ahondar la sima de incomprensión que hace que hoy nos resulte difícil degustarla y comprenderla en sus bondades y sus límites. Porque la ignorancia ha cundido.

Mientras tanto, de la lógica simbólica cabía esperar que también tendrá expresiones artísticas como las que orlaron de prestigio a la dialéctica clásica. Literarias, plásticas, musicales…

II
IMÁGENES DE TEMAS LÓGICOS EN LA TRADICIÓN

La lógica tradicional aborda tres producciones del pensamiento, a saber: el concepto, el juicio y el raciocinio. Como lo hace a través del lenguaje, su objeto inmediato son las formas expresadas de esas realidades mentales. Respectivamente, el término, la proposición y la argumentación. Es una lógica, además, que opera con el supuesto filosófico de una correspondencia entre lenguaje, pensamiento y realidad. Así, el correlato de esa triple realidad psicológica y lingüística podría ser, acercándonos a los usos verbales de hogaño, cosas, estados de cosas y relaciones de derivación o inferencia entre estados de cosas. Relaciones que no vienen dadas sin más en nuestro conocimiento de las cosas y los estados de cosas, requieren del discurso. Correlativamente, la ocupación con términos y proposiciones está enderezada siempre al razonamiento o inferencia, lo más propio de la lógica. Pero en las tres fases concurren temas que admiten simbolización visual, como las divisiones de términos por forma arbórea que ya existieron en Platón. O la proposición simple y algunas tesituras suyas. Y, en fin, las relaciones de inferencia de complejidad creciente entre proposiciones. Estas últimas dan lugar a enredijos característicos como el cuadrado lógico de oposición o el puente de los asnos. Pero también a otros, aquí preteridos, particularmente enrevesados en el campo de la lógica modal. Esta última no se contenta con unir sujeto y predicado con el verbo ser, sino le que añade un «modo», como posible, imposible, necesario o contingente. Desde la simple constatación de que imposible es «necesario que no» o que contingente es «posible que no», se arman mimbres con nudos de relaciones y nervaduras semejantes a las de bóvedas góticas. Algunas son de notable complejidad, como las de Juan Buridán. Los humanistas suelen restringirse a las más sencillas.

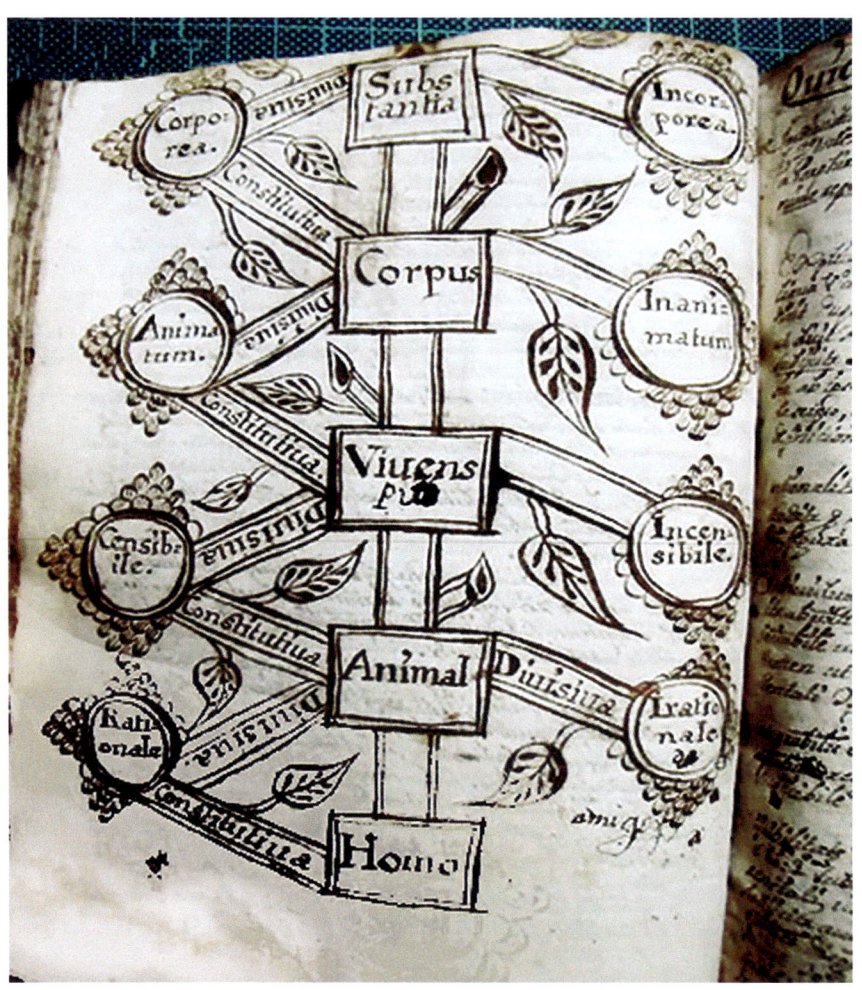

Fig. 18. *El árbol de Porfirio en el comentario a la Metafísica de Aristóteles de Juan de Fuica (1687),* conservado en el Archivo Franciscano de Santiago de Chile.

1
LA ORDENACIÓN DE TÉRMINOS
EN EL ÁRBOL DE PORFIRIO

Apenas habrá vetusta obra de lógica que se resista a dibujar ese árbol genealógico y conceptual que es el árbol de Porfirio.

El asunto viene de lejos, de Aristóteles, que en sus *Categorías* propone dos maneras posibles de dividir las cosas y nuestro pensarlas. La primera es la vía de las categorías, también llamadas predicamentos. Todo lo que podemos predicar o declarar de una cosa encajará en una de las diez categorías, porque ellas son los predicados supremos que convienen a los seres. Si de un árbol decimos que es alto, estamos describiéndolo desde la categoría de cantidad. Pero si lo que predicamos es que es verde, entonces lo caracterizamos desde la categoría de cualidad.

El otro camino es el de los categoremas, también conocidos como predicables. Los predicables no se predican de las cosas directamente, sino, si vale el retruécano, de los predicados que atribuimos a esas cosas. Tradicionalmente se decía, por ello, que son intenciones segundas y no intenciones primeras. Si en las categorías preguntamos cuál es el género supremo al que pertenece el apelativo «alto» y respondemos «cantidad», en los predicables o categoremas preguntamos de qué manera se predica «alto» de ese monte que tengo enfrente, y la respuesta es: como accidente.

Los predicables, pues, designan realidades más «mentales», por así decir, que las categorías. Accidentes hay muchos, también el verde es un accidente. También lo es una relación de paternidad o de filiación o de amistad, como lo es el haber nacido en tal lugar o en un día determinado.

Los cinco predicables aludidos en las *Categorías* ganaron espesor cuando el neoplatónico Porfirio, en el siglo III, los comentó en su obra εἰσαγωγή. Este nombre significa «introducción», y se ha vulgarizado en forma transliterada como *Isagogé*. Es una introducción a las *Categorías* de Aristóteles, pero desde entonces se tuvo habitualmente en cuenta en los comentarios a ese tratado aristotélico.

Porfirio se da cuenta de que un predicado puede expresar la esencia de una cosa o no hacerlo. En el primer caso expresa la esencia indeterminadamente (género), determinadamente (especie) o en el carácter que la determina (diferencia específica). Cuando Tomás de Kempis, en nombre de una piedad religiosa afecta a lo sensible, desdeña los estudios especulativos lo hace desprestigiando precisamente los predicables que tocan la esencia: «¿Qué se nos dan los géneros y las especies de los lógicos?». Durante siglos han pasado por esta pregunta los ojos de los devotos lectores de su *Imitación de Cristo*. Una manera, pues, de devaluar la lógica es despreciar públicamente a esos entes de razón que se denominaron entes de segunda intención o de segunda potencia que son los predicables.

Observamos que el género determinado por la diferencia específica constituye la especie. Como decía el escritor mexicano Alfonso Reyes, «La diferencia específica es siempre adversaria acérrima del género próximo»[1]. Pero entre el género generalísimo o cimero y la especie especialísima o ínfima hay una larga serie de géneros, especies y diferencias específicas intermedias. Esta serie, constatable, por ejemplo, en la taxonomía de las especies animales y vegetales, puede plasmarse en una figura déndrica. Se trata de un árbol ramificado, donde los frutos nacidos más arriba tienen mayor extensión conceptual que los de abajo, mientras que estos últimos gozan de una plétora de notas de mayor riqueza y variedad. Así y todo, el árbol se revela insuficiente si se pretende situar en él el concepto de ser. Desde los días de los filósofos académicos se ha entendido que el ser no es un género que admita ser repartido en especies, y que su característica dominante no es una extensión desmesurada.

Pero una muestra de que esta ordenación arbórea puede no ser baladí es el árbol de Porfirio. Se denomina así al que toma como género supremo la sustancia, y va descendiendo hasta llegar a un individuo concreto. La sustancia, que sería lo más genérico, puede repartirse en compuesta y simple, que son diferencias específicas. Esta primera división ha sido obviada por Juan de Fuica en el dibujo que él hace del árbol. Un género subalterno de la sustancia compuesta es el cuerpo, el que a su vez se puede desglosar en viviente y no viviente. Y así se va procediendo sucesivamente. Desde este esquema podía definirse al hombre como animal, invocando el género supremo al que pertenece, y no obstante como racional por diferencia específica con el bruto. Pues en sus niveles respectivos, el cuerpo puede ser animado y viviente, el viviente sensible y animal, el animal racional y hombre.

Pero ante el árbol de Porfirio se podría también proceder con el realismo propio de un aristócrata romano como lo fue el canciller Severino Boecio. En punto a la noción de persona, debatida en los concilios trinitarios, considera a la sustancia no tanto como algo general analizable en estratos especiales, sino con una identidad individual intransferible. En su tratado sobre la Trinidad ofrece una definición de la persona que se hizo célebre. Persona, escribe allí, es «sustancia individual de naturaleza racional». Aquí la sustancia es lo menos genérico y lo más incomunicable, por

---

[1]   REYES, Alfonso: *México*. Fondo de Cultura Económica, México, 2005, 133.

así decir. Lo individual de manera suprema. Conviene a Cicerón o a Sócrates, pero no la comparten porque las personas no se ajustan a la avasalladora identidad de lo genérico. En la persona, la sustancia genérica no se puede desprender del individuo irrepetible. Mas entonces, si la individualidad que distingue a la persona tampoco es una restricción específica, no se le aplica la declaración de Alfonso Reyes. El árbol de Porfirio muestra, por esta otra vertiente, su limitación. Mas históricamente la definición boeciana de persona atraviesa el pensamiento escolástico y es un antecedente de nuestra concepción de la misma como sujeto de dignidad inalienable. Por apreciaciones de este calado parece que algo nos puede atañer meditar sobre los géneros y las diferencias de los lógicos.

El árbol de Porfirio fue ingrediente de la civilización. Los españoles lo llevaron a América junto con la semilla de la lógica. Las primeras obras de filosofía impresas en el continente americano son de lógica: *Recognitio summularum y Dialectica resolutio.* Preparadas por el agustino Alonso de la Veracruz, salen de las prensas de Nueva España en 1554. La segunda, compendio de dialéctica con textos de Aristóteles, contiene el famoso árbol. No puede sorprender la afición a instrumentos clasificatorios de esta naturaleza en un territorio nuevo que pedía distinciones entre linajes y tribus, o entre géneros y variedades. Como herramienta de entrenamiento, el árbol de Porfirio solía figurar en cualquier tratado de lógica previsto para cursar la materia. También en el virreinato del Perú, como lo atestigua el dibujo a pluma del franciscano chileno Juan de Fuica traído aquí a colación.

Fig. 19. *Naipe que simboliza la doctrina sobre la proposición categórica en la obra* Chartiludium Logice, *de Thomas Murner. Copia realizada por el autor.*

2

LA PROPOSICIÓN SIMPLE EN VESTE DE FANTASÍA: *CHARTILUDIUM LOGICE*

En la época de los humanistas era común, en libros sobre lógica, poner en cabecera una presentación del impresor, elogiosa del autor y su obra; saludo de alguna autoridad; cármenes o poesías de distinto jaez, o ingeniosos juegos de combinatoria con palabras. Pero también solía intervenir el propio autor con algunas providencias para quien se aprestase a leer el volumen. Entre ellas no era infrecuente apelar a un «zoilo», que no es un perro doméstico, sino un previsible crítico exacerbado. De lo que se trataba era precisamente de atraerse la benevolencia del lector, de mitigar el disenso que pudiera provocar la lectura.

Aplacar al zoilo y tenerlo favorable es posiblemente más necesario que nunca ante el *Chartiludium Logice*, publicado en 1509 por el fraile franciscano Thomas Murner. Es, tal vez, el ensayo más atrevido de relacionar lógica con imagen que invocar se puede. Como se desprende del título, lo que Murner propone es un juego de cartas de lógica. El libro se entretiene en presentar los 52 naipes de una baraja nada convencional. Cada uno de ellos se dedica a un tema que se acompaña distendido en breve glosa. Pero la carta en sí ostenta un dibujo simbólico, una representación sumamente original y libre para dar forma sensible a ideas que se busca retener. Si nuestras barajas corrientes tienen cuatro palos, la de Murner tiene dieciséis. Estos articulan el material lógico de Pedro Hispano. Tiene cada uno su símbolo propio, el que figura en cada naipe las veces que sea menester según orden de secuencia. Así podemos contemplar un uno de cascabeles, como en la imagen aquí escogida; un tres de cangrejos de río; un dos de peces; un tres de bellotas, y así sucesivamente. El cascabel está por enunciados, el cangrejo de río por predicables, el pez por predicamentos, la bellota por los silogismos.

La genealogía de la elección de estos distintivos es arcana. Tan pronto parecen ser puramente casuales como obedecer a motivos bien peregrinos. El origen de pez para los predicamentos es aparentemente explicable. Pues al distinguir ahí tipos de predicación, Murner ilustra la predicación equívoca con el ejemplo de *canis* (perro). Y es que *canis* bien puede designar al mejor amigo del hombre, pero también una constelación, e incluso otro animal muy distinto al que en latín se llamaba *canis marinus*. Es ni más ni menos que nuestra foca, que por su hocico y mirada ya había sido vista por los antiguos como un peculiar perro. Pero al tratarse de un animal del mar también caía popularmente bajo la denominación de pez, suficientemente amplia como para incluir al cetáceo que se tragó a Jonás.

Por su parte, es posible que la bellota haya sido elegida para el silogismo porque la silogística es la cima de la lógica deductiva tradicional. Fuera de complementos como los lugares dialécticos, las falacias o las propiedades lógicas de los términos, dominar el silogismo era pase obligado para recomendar un Bachillerato en Artes. Un título el más incipiente de los que podía ofrecer la universidad. Por eso, bachiller se decía en latín *baccalaureatus*. Es decir, laureado «en baya». O sea de la manera más modesta, pero también prometedora de un camino posterior. Igual que en una baya, como lo es la bellota, está muy en agraz el árbol futuro.

Más allá de los símbolos distintivos de los palos, el dibujo propio de cada naipe es un derroche de imaginación con el que Murner, según protesta, pretende que el alumno memorice más fácilmente las enseñanzas. A veces se antoja un bestiario medieval. Tan pronto aparece un caballo con patas delanteras equinas, pero ancas de oso y de gallo, como un elefante con características orejas de alas de murciélago y parejas extremidades. Todo ello acompañado siempre de numeración y letras donde encuentra guía la explicación de cada carta.

La condición religiosa de Murner se trasluce en varios de los motivos que elige, y que presuntamente dibuja su hermano Beatus Murner. Las cuentas a modo de coronilla o rosario, que en varios naipes vemos colgadas de los belfos de un caballo, quieren hacer pensar en la oración como proposición que se expresa por la lengua. La custodia con la eucaristía es la imagen para los accidentes, pensando acaso que en el sacramento cambia la sustancia del pan y del vino, manteniéndose empero la apariencia de lo accidental.

También el paisaje franciscano en que el autor ha crecido condiciona algunos de sus dibujos. Las cuentas de cuatro nudos son el Padrenuestro, y si cuelgan de un gato se asocian a la proposición simple o categórica… pero también al propio Murner, que en otros lugares ha querido verse representado como un fraile con cabeza de gato. Aún hoy se rezan cuatro padrenuestros seguidos al final de alguna coronilla franciscana, como la coronilla de san Miguel. Los antepredicamentos, previos al estudio de los predicamentos, se representan con el cordón franciscano, que es lo que recibe el novicio con el hábito al iniciar su vida en la orden. Pero al concluir el tratado de los predicamentos, los pospredicamentos se asimilan a la tonsura, un rasurado capilar que sellaba la culminación de años de formación en la vida religiosa.

El botón de muestra aquí traído quiere sensibilizar la doctrina de la proposición categórica, que puede ser afirmativa o negativa. Después del estudio de los términos, donde la atención se posaba también en categorías y categoremas, era norma en los tratados de lógica el estudio de la proposición categórica. Es una proposición de simple atribución de un predicado a un sujeto mediando el verbo ser. Dice Murner que a esta proposición se le puede preguntar tres cosas: ¿qué?, ¿cuál?, ¿cuántos? Preguntas que apuntan a la sustancia, la cualidad y la cantidad. Luego pasa a considerar modos en que los dos términos —sujeto y predicado— participan cuando hay dos o más proposiciones. Puede que la ulterior participe de ambos términos, como cuando consideramos «El hombre es animal» y luego la participada «El hombre no es animal». Otras solo participan de un término, como a partir de «El hombre es animal» se contempla «El hombre es asno». Puede ser que no haya participación de ningún término. Y si la hay, también sucede que participan en el mismo orden o en otro. Tienen el orden invertido «El hombre es animal» y «El animal es hombre».

Pues bien, el magín de Murner ingenia la cuerda numerada en la imagen como 1a para la proposición negativa, pues los reos traídos con la cuerda niegan. La pesa 1b dice afirmación, tal vez porque la ventaja que se afirma no se deja escapar. Esa especie de hisopo que sostiene el personaje de aspecto agareno son tres varas con el número 2. Son las tres preguntas sobre la proposición. Afectadas por el 3 están las aves iguales —proposiciones que participan del mismo modo—, las aves desiguales —las que desigualmente participan—, y las de diversas especies —las que no participan de ninguna manera—. Finalmente, acogidos al 4 están los pollos que comen uno de cara al otro y los que lo hacen en direcciones opuestas. Después de este recorrido no es difícil imaginar que evocan participación en el mismo orden o en orden invertido.

Las prensas de Estrasburgo, la rica ciudad argéntea, dieron al mundo esta baraja de naipes iluminados, sorprendente simbiosis de lógica e imagen y dudoso expediente para lograr el objetivo que dice perseguir, el de un aprendizaje más sencillo.

Fig. 20. *El cuadrado lógico de oposición según una representación de la época barroca.*

3

EL CUADRADO LÓGICO DE OPOSICIÓN

Los términos no son sino los ladrillos de los que se edifica la proposición. Y la argamasa que los une es, en la concepción clásica, el verbo ser. Llamativamente se tenía una frase como «Los hombres mueren» por igual a esta otra: «Los hombres son mortales». Y si duermen es que son durmientes. Todo podía reducirse a una oración declarativa de qué es algo.

Esta oración que, sin más, predica algo de algo merced al verbo ser es la proposición simple o categórica. En ella se fijó la primera presentación sistemática de la lógica formal. Pero lo hizo a su vez simplificando. Kurt Joachim Grau decía que el pensamiento humano se parece a una moneda que puede ser acuñada en muchos metales, pero que solo admite unas cuantas formas. Y a fe que el viejo Aristóteles da pábulo a la metáfora, pues él invierte su atención casi monográficamente en proposiciones cuantificadas, donde el sujeto se ve afectado por alguna partícula que indica cantidad: todos, todas, algunos, algunas… o equivalentes. Según eso, la cantidad del sujeto determinaría la de toda la proposición. Y esta resultaría ser fundamentalmente de dos tipos: universal o particular.

El otro punto de interés para Aristóteles no es ya la cantidad, sino la cualidad. Es decir, si el verbo ser se predica afirmando o negando.

Combinando los dos parámetros, la ciencia analítica, que es como el griego llamaba a la lógica, cumple a las mil maravillas el ser lógica del razonamiento abstracto. Pues empieza abstrayendo —extrayendo— del lenguaje vulgar cuatro moldes con los que pretende agotar el juego de la inferencia. Tales hormas son los cuatro tipos de proposición: universal afirmativa, universal negativa, particular afirmativa y particular negativa.

Con el tiempo se les asignó una letra a cada una: A, E, I, O. Dícese ser sencillo el porqué de estas letras. La A y la I son las primeras vocales de la palabra latina *affirmo*. Designan, efectivamente, proposiciones afirmativas, aunque una sea universal y la otra particular. En cambio, la E y la O están por las vocales de la palabra latina *nego*. Pues se reservan para las negativas, la una universal y la otra particular.

También con el tiempo se acrisolaron ejemplos de muestra para cada uno de los moldes, como los que exhibe la imagen barroca puesta aquí al contribución, cuya ubicación original desconocemos. Trasladados en español recorremos sucesivamente desde el ángulo superior izquierdo «Todo hombre es animal» (A), «Ningún hombre es animal» (E), «Algún hombre es animal» (I) y «Algún hombre no es animal» (O).

La relación entre estos cuatro moldes se devanaba de ordinario en un argadillo cuyo dibujo ha sido ley en los tratados de lógica. Es el cuadrado lógico de oposición o cuadrado de los opuestos de Boecio. Aunque, en puridad, reflejaba dos tipos de relación: la de oposición y la de subalternación. Las dos permiten inferir, no de otra cosa trata la lógica. Pero infieren de manera inmediata a partir de una única proposición.

Por lo regular el cuadrado se sirve sin vegetales, ni reposteros, ni columnas salomónicas. Más o menos algo así:

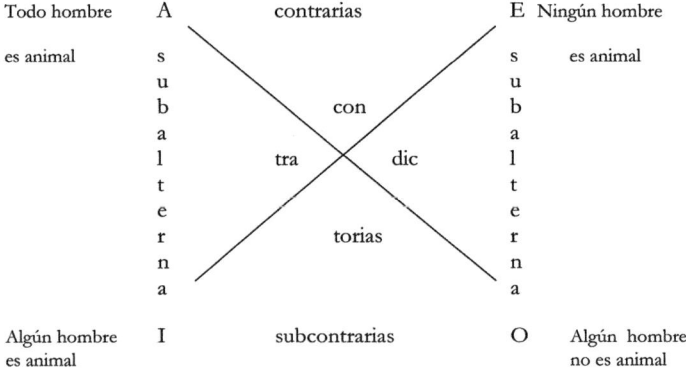

La subalternación es la relación lógica más fácil de entender en el celebérrimo cuadrado. Es una proporción de más a menos universal. Para cada quisque templado en la lógica de la escuela era de Perogrullo que si la subalternante universal es verdadera, la subalternada particular también ha de serlo. No vale la inversa. Y no vale tampoco que dar por falsa la universal redunde en la falsedad de su particular. Que sea falso que todas las ranas son de color verde no conlleva que lo sea también que alguna rana sea verde.

Las otras relaciones de inferencia inmediata presentes en el cuadrado son las de oposición en sentido estricto. A saber, las de contrariedad, subcontrariedad y contradictoriedad.

Son contrarias las dos universales, que no pueden ser a la par verdaderas. Pero pudieran ser falsas las dos. Ser falso que todo hombre es animal y que ningún hombre es animal, salvando la posible verdad para «Algún hombre es animal». También cabe que cualquiera de las universales sea verdadera y la otra falsa.

Las subcontrarias son las particulares del cuadrado entre sí. Estas pueden ser verdaderas las dos, pero no falsas. Si es falsa que algún hombre es animal no puede ser asimismo falsa que algún hombre no es animal. Así reza la inferencia. Naturalmente que también ambas pueden tener recíprocamente distinto valor de verdad, ser una verdadera y la otra no.

Pero la oposición más fuerte posible es la contradictoriedad. Y ello a redropelo de la apariencia, que podría hacer pensar que la mayor oposición está arriba, entre las universales. No es así. Las contradictorias, señaladas en el cuadrado en la figura del aspa, son las más antagónicas. Pues si decimos que todo hombre es animal, esta afirmación queda desmentida con un solo caso en contra, que es el ostentado por su opuesto contradictorio: algún hombre no es animal. No es menester negar la animalidad de todos los hombres. Por eso las contradictorias son de tal laya que si sabemos que una es verdadera, colegimos de inmediato que la otra es falsa. Se trata del único caso de oposición en que las proposiciones concernidas no pueden compartir un idéntico valor de verdad.

La memorización del cuadrado de los opuestos ha sido parte de la iniciación al estudio de la lógica durante centurias enteras. Se ha considerado como un postrero escalón para abordar el último tramo en la manualística convencional, el de la teoría del silogismo. Pero una representación tan historiada como esta barroca que traemos a consideración, plausible guía para cincelar la madera de un lujoso bargueño, nos habla de verdadera consagración cultural. La imagen está llena de elementos del universo simbólico cristiano. El artista parece haber querido reservar estampas de evocación positiva para las proposiciones afirmativas, que son las de la izquierda del que contempla, si bien *coram se* o desde sí estarían a la derecha. Arriba se aprecia una Inmaculada con un chocante aspecto de virago, pero con su apocalíptica corona de doce estrellas. Le está subalternado un fraile dominico que sin duda es santo Tomás de Aquino. Se le reconoce por el atributo del Sol en el pecho, así como por el libro y la pluma. Como contraste, los muñecos de la otra banda se identifican como inequívocamente negativos. Pues corresponden a las proposiciones de negación. Arriba se observa a Lucifer como ángel condenado, opuesto contradictoriamente al Doctor Angélico, un santo canonizado que ha tenido muy en cuenta a los ángeles buenos. Es también contrario a la Virgen María. Su subalterna es una bicha que bien puede ser la serpiente del Paraíso. Pues se opone contradictoriamente a la Inmaculada Concepción, que ha nacido sin lacra de pecado original. Además, la tradición la ha presentado como nueva Eva que aplasta la cabeza de la serpiente. Que la serpiente sea subcontraria con santo Tomás solo puede indicar que el santo es también un hombre acechado por la tentación y ni siquiera está libre de pecado. Recuérdese que las subcontrarias pueden ser ambas verdaderas.

Hay toda una catequesis en esta suerte de retablo barroco en que se ha convertido el cuadrado de los opuestos de Boecio. Cuando venga Friedrich Nietzsche dos siglos más tarde no solo hará objeto de sus invectivas al cristianismo, sino también a la filosofía aristotélica con la que este había expresado muchos de sus contenidos. Frente a su afirmación irrestricta de la vida, frente al sagrado «sí» del niño como un amor a lo que venga, parodia la afirmación tradicional como un onomatopéyico «I-A». Con ello quiere decir que el falso decir sí que usa la lógica habitual, afirmando particular o universalmente, es como el rebuzno de un asno. Pero no deja de ser verdad que Nietzsche, como antes Hegel, Kant o Leibniz, a despecho de las alternativas que proponen, se han formado en la lógica escolar asimilando el cuadrado de los opuestos.

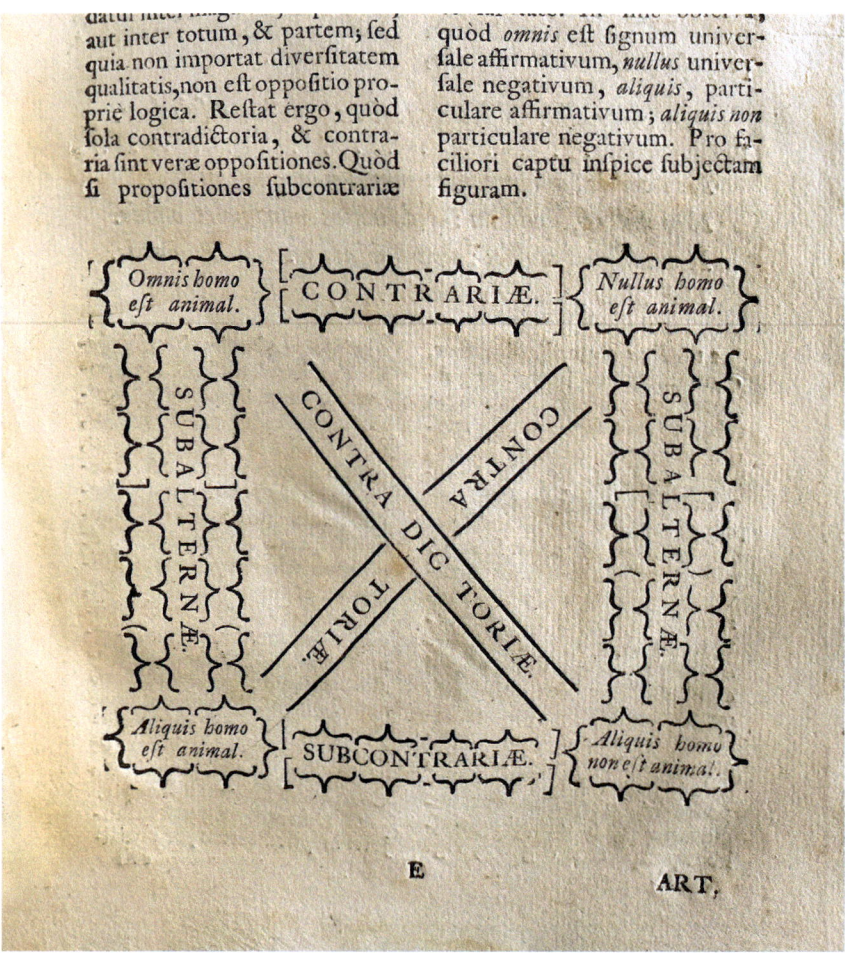

Fig. 21. *Cuadrado lógico de oposición en la obra* Philosophia rationalis, *tomo I dedicado a Súmulas y Lógica. Publicado en San Sebastián por Francisco de Elezondo y Juan Antonio de Ubillos, franciscanos del santuario de Aránzazu, en 1755.*

Fig. 22. *Cuadrado lógico de oposición en la* Recognitio Summularum *de Alonso de la Veracruz (1554). Ejemplar de la John Carter Brown Library. En los flancos, el corazón traspasado de san Agustín conforme al dicho: «Tú, Señor, habías flechado mi corazón con tu amor». Fray Alonso era un agustino.*

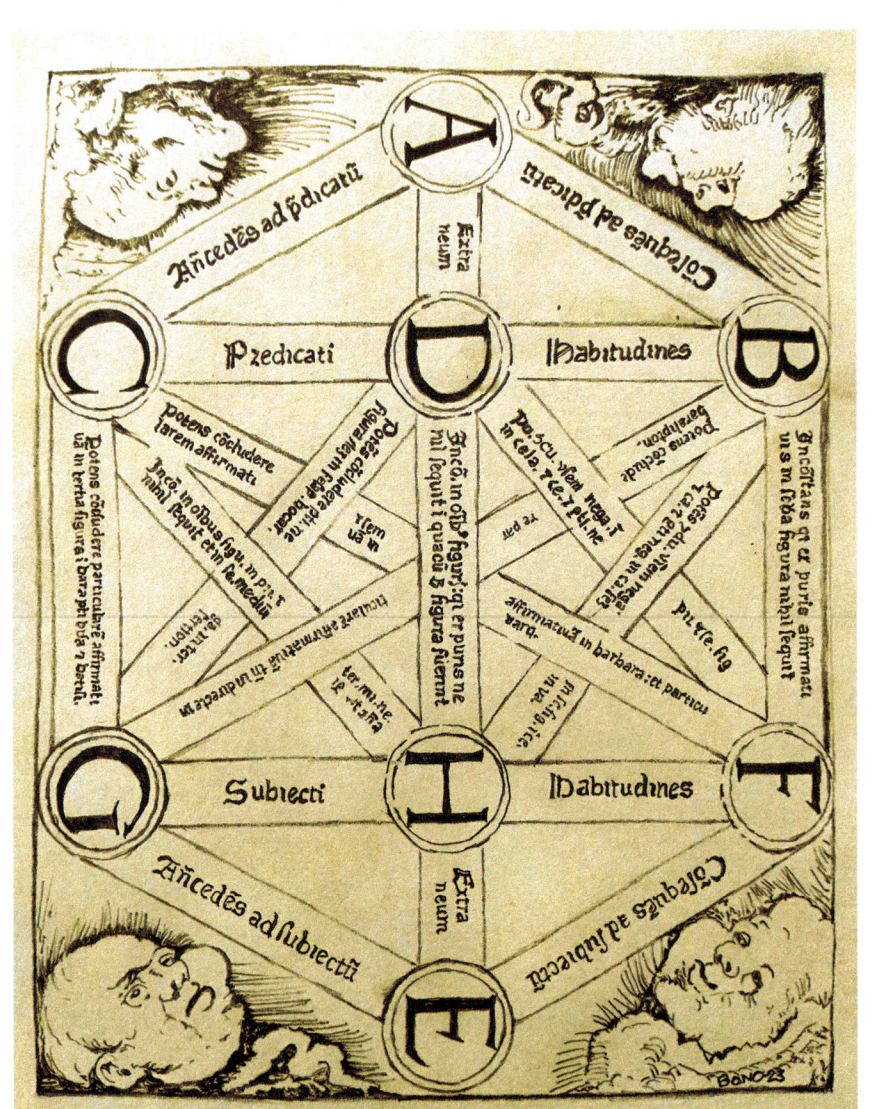

Fig. 23. *Puente de los asnos. Copia del autor sobre ilustración en un comentario de Pedro Tartareto a obras de Aristóteles y Porfirio.*

4
EL PUENTE DE LOS ASNOS

En el aparato deductivo que es la lógica de Aristóteles cabe discernir dos preguntas de sentido inverso. La primera es qué se sigue de unas premisas dadas; y es la que, con mucho, atrae la atención del filósofo. Pero la segunda es de qué premisas se puede deducir una conclusión ya aceptada. Es decir, cómo han de ser las premisas de un razonamiento para inferir de manera concluyente una proposición conocida ya como legítimo consecuente de las premisas. Esto es lo que los escolásticos van a llamar «inventio medii», el hallazgo del término medio. Una sutileza para alumnos avanzados, pudiéramos decir.

La enseñanza tradicional del silogismo lo presenta como un distinguido razonamiento que se distiende en dos premisas y una conclusión. Pero así como son tres los enunciados, así son también tres los términos silogísticos. Estos se denominan término mayor, término menor y término medio. El término mayor es el que obra como predicado de la proposición que hace de conclusión, mientras que el menor es su sujeto. A cada uno de ellos se lo encuentra en una premisa diferente. El término medio no aparece en la conclusión, aunque sí en las dos premisas que la anteceden. Se llama medio porque ejerce como medio de unión entre el término mayor y el término menor, que dados por separado en las premisas aparecen ligados en la conclusión. Venga la comprensión por una muestra: «Todo pintor es artista; pero ningún portafolios es artista; luego ningún portafolios es pintor». Acudiendo a la conclusión identificamos el término mayor «pintor», que está en la primera premisa. El término menor es el sujeto «portafolios», presente en la segunda premisa también como sujeto. El término medio, en fin, es el que se repite y capacita la unión de los dos anteriores. Aquí, «artista», que hace de predicado las dos veces.

Pues bien, la posición que ocupe el término medio, como sujeto o como predicado, unida al tipo de proposiciones que vincula —los cuatro moldes vocálicos de marras conocidos—, dará una conclusión u otra. Hasta puede dar conclusiones inválidas. Desde la conclusión «ningún portafolios es pintor» se pueden construir válidamente dos premisas diferentes de las aducidas, y donde el término medio ocupa un lugar también distinto: «Todo pintor es artista; pero ningún artista es portafolios».

Medievales como Alberto Magno o Jorge de Bruselas hicieron una búsqueda genealógica de la posición requerida del término medio, en las dos premisas de un silogismo, supuesta una conclusión formalmente correcta. E inventaron así el «puente de los asnos». Desde la experiencia de la dificultad de esta ejercitación, y del disparate frecuente, el nombre se adelanta a llamar asno al aprendiz o alumno que se mete en el brete de fijar la índole del término medio. De suerte que parece que el puente de los asnos se llama así no tanto por el carácter de enlace entre los extremos —los términos mayor y menor— que tiene el término medio, sino por la complicada ingeniería que conlleva el tender un puente que garantice un silogismo bueno allí donde solo conocemos el resultado del razonamiento. El lenguaje despectivo no estuvo ausente en las ejercitaciones medievales en lógica, como aquella que aseguraba que «de modalibus non gustabit asinus». Esto es, «el asno no gustará de las modales», aludiendo a las proposiciones modales y al revulsivo que provocaba el complejo juego del raciocinio con ellas.

Para facilitar el cálculo surgieron esquemas o rejillas auxiliares. A veces artísticamente decoradas, como en la ilustración que nos acompaña del puente de los asnos. El original procede de una edición impresa del comentario de Pedro Tartareto al *Isagogé* de Porfirio y a los libros lógicos de Aristóteles.

Los anclajes de referencia básicos son la A, que representa el predicado, y la E, que hace las veces del sujeto. Cada una de estas letras puede ir acompañada de una consonante. Para el caso de la A, las consonantes posibles son B, C y D. Sea la B, y entonces significa que el término medio ha de seguir al predicado. Por eso en la figura el medallón de la B se une al de la A con un puente donde se lee: *consequens ad praedicatum*. Si la letra que afecta (*habitudo*) a la A es la C, como en AC, el mensaje es que el término medio ha de preceder al predicado. Y si se trata de la D, esto indica que es extraño al predicado.

De modo parecido se opera con la E. Sus *habitudines* son F, G o H. La F anuncia que el término medio debe seguir al sujeto; la G, que le tiene que preceder; la H, en fin, que le es extraño.

Según indicaciones que constan en el entablillado, si tenemos como conclusión una proposición afirmativa universal, entonces la fórmula de sus premisas va a ser Fecana. La vocal de la última sílaba está por afirmativa universal (A). Y se ve que el término medio debe seguir al sujeto en una de las premisas y anteceder al predicado en la otra. La calle o tabla que casa en la figura a la F y la C dice expresamente que puede concluir en universal afirmativa. Parejas indicaciones, en latín con apócopes, habían de servir al discípulo en el arte de hallar el lugar del término medio. También con conclusiones de otra clase se puede armar el silogismo completo.

El peculiar arnés de Tartareto viene flanqueado de rollizos mascarones que dan a todo el ingenio la traza de un «Atomium» primitivo arrullado por la rosa de los vientos. Los mofletes están prestos a insuflar aire al gran circuito para recorrerlo en todas las direcciones. O bien a aligerar la estructura con el calor de su aliento, avisando de que puede tornarse liviano contra toda apariencia.

Entre el bóreas y el austro, entre el euro y el viento del oeste, el «pons asinorum» queda como una metáfora de la vocación universal de la lógica, la cual apunta a diferentes latitudes y longitudes, siendo válida para todas las culturas. Mas también como índice del enrevesamiento exponencial a que podía llegar. Por eso no debió ser uso corriente que el puente de los asnos fuera materia de obligado estudio para incipientes.

5

LA ESTÉTICA DEL TIRALÍNEAS
EN LAS FIGURAS DEL SILOGISMO

Más importante que averiguar el término medio con la cartilla de ciego del puente de los asnos es saber a qué figura pertenece un silogismo cuando tenemos ante los ojos el referido término. Porque la figura de un silogismo mienta la posición, ante todo, del término medio en las premisas. Secundariamente, de los extremos en ellas.

Desde su característica propensión a la geometría, Aristóteles habló de «figura» por comparación con la figura triangular. Así como en el triángulo hay tres puntos que unen tres líneas, en el silogismo hay tres términos que unen tres proposiciones. Y así como hay tres tipos de triángulo —el equilátero, el de patas iguales o isósceles y el escaleno—, así habrá también tres figuras del silogismo según el lugar que ocupe el término medio. En efecto, el término medio puede funcionar como sujeto (S) o como predicado (P) con varias combinaciones que expresan las figuras:

I) S en la mayor	II) P en la mayor	III) S en la mayor
P en la menor	P en la menor	S en la menor

Esto puede traducirse a otro esquema en el que la S y la P son el sujeto y el predicado de la conclusión, vale decir el término menor y el mayor:

$$\text{I)} \quad \frac{M-P}{S-M} \quad \frac{}{S-P} \qquad \text{II)} \quad \frac{P-M}{S-M} \quad \frac{}{S-P} \qquad \text{III)} \quad \frac{M-P}{M-S} \quad \frac{}{S-P}$$

En las figuras segunda y tercera el término medio llena la misma posición respectivamente en cada figura. Pero sin duda que el lector avisado se preguntará por una posibilidad ulterior, la de que el medio sea predicado en la mayor y sujeto en la menor. Efectivamente, nada hay de erróneo en buscar otra geometría, como la taurina, para tentar la suerte en otro sentido y razonar de esta manera:

Todo hombre es viviente,
todo viviente es sustancia,
luego alguna sustancia es hombre.

Lo que confirma que es de recibo el esquema:

$$\text{IV)} \quad \begin{array}{c} P - M \\ \underline{M - S} \\ S - P \end{array}$$

Con el cual definimos la cuarta figura. Aristóteles vio bien la posibilidad de esta figura, pero acaso aherrojado por el yugo triangular desarrolló toda su silogística sin tenerla en cuenta. Por eso es por lo que la cuarta figura ha sentado plaza de duda en toda la historia de la lógica. Desde los que la ven como primera figura con el orden de las premisas invertido hasta los que simplemente la ignoran. Entre estos últimos, toda la escuela filosófica de Lovaina. Empezando por el benemérito Désiré Mercier y terminando por los libros del llamado Curso de Filosofía Tomista, de los años setenta del pasado siglo. Desde antiguo, quienes querían mantener a la cuarta figura alejada de Aristóteles llegaron a atribuir falazmente su descubrimiento a Galeno, el médico del siglo segundo representado en la botica de Lemgo.

Mas la cuarta figura muestra tozuda su autonomía y no es una primera disfrazada. El orden de las premisas alterado no cambiaría la figura a que pertenece un razonamiento silogístico. Pues siempre será posible volver al orden convencional subvirtiendo la disposición de las mismas. Por lo demás, el padre de la lógica empezaba por la premisa menor, no por la mayor.

Las cuatro figuras del silogismo pueden memorizarse fácilmente merced a un gráfico donde la línea interior marca, en cada caso, la posición del término medio. Metodológicamente se supone que la premisa mayor está arriba y la menor abajo. Son los vértices de cada segmento o barra los que marcan el lugar del ansiado término medio:

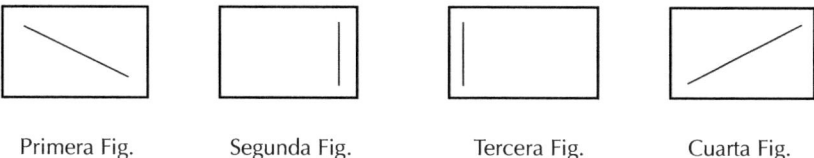

Primera Fig.   Segunda Fig.   Tercera Fig.   Cuarta Fig.

De este modelo tetramorfo se han servido, por ejemplo, Sergio Rábade y José María Benavente en su libro de texto de filosofía para bachillerato. El problema de este modelo es que los nervios pueden siempre traicionar al novel estudiante de lógica, de manera que invierta el sentido de la barra de la primera figura, confundiéndola con el de la cuarta, y viceversa. O que equivoque la posición de la misma barra en las figuras segunda y tercera. A partir de ahí se sucederán una serie de errores en cualquier ejercicio de evaluación o de construcción de un silogismo. Para evitar esta coyuntura, Arina Shorokhova ha propuesto recoger las cuatro figuras en una especie de copa esquemática:

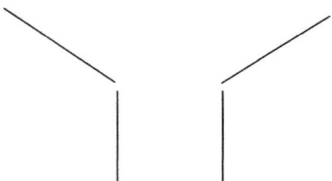

Este gráfico único, digamos que trazado con regla, agavilla las barras y su posición de manera más amable para la retentiva. Las líneas interiores a los rectángulos se han transformado en líneas de contorno de la copa abstracta.

III
LA LÓGICA EN VIÑETAS DE PRENSA

Desde los tiempos de su fundación con la *Gaceta de Leipzig*, la prensa periódica ha reflejado el mundo de los hombres. A él pertenecen no solo las anécdotas del día, sino el mar de fondo de la cultura. Y en ese elemento fluido no puede faltar la lógica.

Los diarios, ya sea gruesa la tirada o corta la estampa, contienen razonamientos. En ocasiones, perfectas inferencias ajustadas a la estructura de un esquema clásico y conocido, como los llamados *modus ponens* y *modus tollens*. Otras veces, perfectas falacias.

Más llamativo es que se haya hecho de algún asunto de lógica objeto de consideración y noticia en el periódico. Y que lo hagan autores que precisamente no se dedican a estos estudios.

Póngase por caso la doble negación ya conocida. Que en lógica equivalga a una afirmación y esto no sea norma en las lenguas naturales es uno de los puntos desarrollados en una tercera del periódico *ABC* del 17 de noviembre de 1997. La firmaba Emilio Lorenzo, que no era un filósofo ni un lógico, sino un filólogo. En español pueden acumularse, como bien observa, negaciones sin que las pares neutralicen a las impares ni se pierda el sentido general negativo: «*No* he visto *nunca* a *nadie* en *ningún* trance parecido». Lástima que la riqueza de nuestro idioma deja escapar a don Emilio algún caso caprichoso, como el castizo vocablo castellano «nonada». Tan pronto puede aludir a algo de poca monta, según hemos ya visto, como significar pura y simplemente nada. Los dos sentidos se constatan en la prosa de Teresa de Ahumada, y a veces con un salto de pocas páginas como en las *Moradas del castillo interior*.

Otro ejemplo de tema lógico traído y llevado es la expresión «niego la mayor». Se ha generalizado en el lenguaje coloquial desde hace algunas décadas. Quienes la utilizan suelen desconocer que «la mayor» es la premisa mayor de un silogismo. Y que ésta es aquella que contiene el término mayor, esto es, el que hace de predicado en la conclusión. Olvidado este marco, y como la premisa mayor se coloca convencionalmente como la primera de un razonamiento silogístico, «niego la mayor» ha venido a dar en un equivalente de «niego lo primero que has dicho». Y ello sin cuidarse de si lo que el otro ha dicho reviste o no la forma de un silogismo, que cabalmente es lo que no ocurre. Una crónica de Rubén Cruz en la revista *Vida Nueva* —número del cuatro al diez de marzo de 2023— resbala en este equívoco al indicar que el nuncio pontificio en Alemania, en una comunicación a la asamblea plenaria del episcopado de aquel país, «niega la mayor». Sin que previamente haya formulado silogismo alguno. Afortunadamente hay quien ha puesto las cosas en su sitio. Y de nuevo en una tercera de *ABC*, titulada «Negar la mayor». Su autor, Santiago Martínez Lage, es un abogado con lúcidos recuerdos de la lógica tradicional que estudió con los jesuitas. Recuerdos que estaban aún vivos el 15 de enero de 2015, cuando publicó su denuncia del uso incorrecto de la expresión mentada.

Pero temas de la lógica tradicional viven también, en forma gráfica, en las viñetas ingeniosas de la prensa diaria. Por ejemplo, el tema de la paradoja ha sido elegido, por ocurrente, por Máximo o el Roto en el diario *El País*. El primero pone a un hombre maduro que camina hacia el lector avanzando por un largo pasillo flanqueado de estanterías. De una de ellas cuelga un cartel que dice: «Se propuso fracasar y tampoco lo consiguió». Es del veintitrés de junio de 1995. El Roto, que ha usado otros nombres como OPS y Rábago, tiene cierta predilección por la paradoja. El veintidós de febrero de 2006 dibuja a un hombre que está leyendo y exclama: «¡Qué claridad de confusión!». Ya en los primeros meses de la Segunda República española una publicación, *Gracia y justicia*, traía unas aleluyas con el título «Unamuno se deshoja en perpetua paradoja». Firmadas por Soravilla, las estaciones dan abrigo a un oxímoron sobre el pensador de las pajaritas de papel.

Las falacias aparecen igualmente ilustradas por los dibujantes. Una falacia muy conocida desde antiguo es el llamado argumento *ad hominem*. Consiste en buscar la refutación de un interlocutor no argumentando sobre lo que dice, sino atacando a su persona. Por eso se llama *ad hominem*, porque va dirigido a la persona del otro, no al asunto en cuestión que está planteando. Desechar un punto de vista solo porque quien lo sostiene pertenece a una etnia sobre la que existen prejuicios es incurrir en un tal proceder. También lo es la variante llamada «tu quoque», es decir, «y tú también». Se desacredita lo que el otro dice apelando a su comportamiento inconsistente con eso que dice. Como si el facultativo diera al paciente razones para dejar de fumar y éste le respondiera que son falsas porque sabe de buena fuente que él es fumador. En rigor, la falacia «tu quoque» no es una falacia formal. Tiene que ver con el apartamiento del asunto de la discusión y de los objetivos del diálogo. Es muy frecuente en el lenguaje descalificador que se emplea en la refriega política. Por eso no es extraño que Martinmorales la haya recogido en una viñeta. En ella se ve un aula de una supuesta Escuela Superior de Políticos Españoles. El profesor está mostrando a los asistentes una pizarra donde se lee: «Clase: Debatir ideas. 1.ª Lección: ¡… y tú más!». Y todos se disponen a escuchar la explicación con gran interés. La reproduce, en un homenaje a su memoria, el *ABC* del veintidós de agosto de 2022.

1
JOSÉ MARÍA RUBIO O LA EXTENSIÓN Y COMPREHENSIÓN DE LOS TÉRMINOS

José María Rubio dibuja en su viñeta cotidiana del *ABC* dos hileras interminables de camas ocupadas por pacientes de covid-19. Al fondo se ven otras hileras similares. En el pasillo que forman las hileras principales pone a dos de sus característicos roedores parlantes. Esta vez visten traje de protección como médicos de cuidados intensivos que son. Y uno le dice al otro: «Nunca pensé que seríamos a la vez intensivistas y extensivistas».

Evidentemente, Rubio está haciendo un juego de palabras para resaltar una situación chocante para cualquier ciudadano. De una unidad de cuidados intensivos se espera que sea un espacio reducido para unos pocos pacientes. Pero la viñeta está publicada el ocho de febrero de 2021, cuando la epidemia mundial todavía se cobraba un número significativo de víctimas en España. Por eso la unidad de cuidados aparece como un gran pabellón, algo muy extenso. Y, no obstante, a los médicos responsables de esas unidades especiales se les llama intensivistas. Parecería a cualquiera que extensión se refiere a lo grande, mientras que lo intenso es más concentrado.

Pero el juego de palabras hace pie en algo más profundo. La lógica tradicional distingue entre extensión y comprehensión de los términos. Todo término tiene una determinada extensión y una comprehensión, llamada también intensión. La extensión es el número de individuos a los que se aplica ese término. Así, la extensión del término «caballo» está formada por todos los caballos que ha habido, que hay y que habrá. Y también por todos los caballos posibles. A la inversa, la comprehensión o intensión de un término es el número de propiedades o notas que convienen a ese término. En el caso, la intensión de «caballo» se define por características como ser mamífero, cuadrúpedo, ungulado, tener crines, relinchar, etc.

Como se ve son dos magnitudes de dirección diferente la extensión y la comprehensión o intensión. Aristóteles ya se dio cuenta de ellas, pero no las nombró así. El par de conceptos de extensión e intensión es una novedad terminológica de la llamada Lógica de Port Royal, *La lógica o el arte de pensar*. Esta obra tuvo bastante repercusión en España, de suerte que un erudito como el padre Feijoo utiliza el binomio. A extensión e intensión las explica como «cantidad de mole y cantidad de virtud». Y reta a su polemista, Salvador José Mañer, a que responda si por razón de su mayor amplitud apreciará más una braza de piedra que dos dedos de oro.

La opuesta dirección de los dos conceptos se echa de ver en que extensión y comprehensión de los términos son inversamente proporcionales. A mayor extensión menor intensión, y al revés. El término «animal» es más extenso que el término «hombre», pero «hombre» está adornado de más notas distintivas, como el ser bípedo o tener inteligencia. El término que designa a una persona individual, su nombre, tiene un máximo de intensión, aun cuando no abarque mucho por la extensión. Así se ve que la viñeta de José María Rubio arraiga en una distinción lógica muy importante, en la que quizás no estaban en condiciones de reparar aquel día todos los lectores del periódico.

Extensión y comprehensión de los términos son importantes en el contexto de la proposición, pues desde ahí redundan en la corrección de los razonamientos. En este sentido son cruciales dos reglas. La primera dice que en una proposición afirmativa el predicado está tomado en toda su comprehensión, pero no en toda su extensión. Decir que el hombre es animal no es decir que sea todos los animales. La segunda dice que en una proposición negativa el predicado se toma en toda su extensión, pero no en toda su comprehensión. Si decimos que el hombre no es pez ya estamos tomando la extensión completa de los peces, aunque sea por modo excluyente. Una exclusión que no se aplica universalmente a la comprehensión, pues hay características del pez compartidas por el humano.

2
ANTONIO MINGOTE I:
EL PREDICABLE «PROPRIUM»

Por el árbol de Porfirio conocemos ya los categoremas o predicados de segunda intención, predicados de predicados, dichos asimismo predicables. La tradición distingue cinco: el género, la especie, la diferencia específica, el propio y el accidente.

El categorema *proprium* era así llamado por traducir el término griego ἴδιον. Se refiere a una cualidad que es característica de algo, pero sin espesor bastante como para convertirse en diferencia específica. El ejemplo que ha venido rodando por los siglos era la risibilidad o carácter de risible en el hombre. Si del hombre se dijera que es el único ser que ríe, un tal aserto no dejaría de suscitar desacuerdo. Tiene el propio algo de exclusivo, cabe decir que el hombre es un animal que ríe. Pero ello no implica la exclusión de otros seres que puedan estar adornados con el mismo propio. Por eso ha recurrido a él Gustavo Bueno para decir que la diferencia entre las regiones que conforman el territorio de España es un propio, no una diferencia específica. El hecho diferencial invocado para determinados territorios no supone una distinción esencial.

Antonio Mingote trae un pensamiento de Francisco de la Torre que expresa exactamente la convicción de que la risibilidad es un propio del hombre. Aunque dicho autor la interprete como algo excluyente. Y lo hace en una viñeta del *ABC* del ocho de septiembre de 2010 titulada «Los epigramas». Un paisano con sombrero y aire de Sancho Panza monta una caballería, mientras que el primer plano lo ocupa el escritor con la pluma puesta al papel. El paisano dice: «Solamente el hombre ríe, y ningún otro animal y él solo ríe, y ninguno tiene más de qué llorar» (Francisco de la Torre, s. XVI). He aquí una prolongación melancólica del conocido categorema.

3
ANTONIO MINGOTE II:
LÓGICA DE CLASES

La proposición simple de la antigua lógica puede entenderse muy bien como una relación entre clases. Esto quiere decir que tanto el sujeto como el predicado designan clases de individuos. Siendo así que clase es un conjunto de individuos que comparten una propiedad o rasgo común, la cual puede por eso predicarse de cada uno de ellos. Verbigracia, la clase de los estudiantes universitarios, la clase de los chinos dolicocéfalos o la clase de los astronautas sentimentales. Una proposición como «Algunos estudiantes trabajan como camareros» pone en relación dos clases, la de los estudiantes y la de aquellos que trabajan como camareros. En este caso se advierte una relación de inclusión entre clases, pues la primera se incluye en la segunda sin identificarse con ella. Desde el punto de vista aristotélico, las dos clases que pone en relación toda proposición simple son siempre clases llenas, aun cuando lo fueran por un solo individuo. Así, en una proposición singular como «Napoleón nació en Córcega», el sujeto «Napoleón» designa la clase de los que son Napoleón, que aquí está formada por un único individuo. Y dicha clase está incluida en la de aquellos que han nacido en Córcega; esta es la relación entre las dos clases.

La lógica tradicional admite ser vista como una lógica de clases. Por la misma razón por la que dijimos que es una lógica de predicados. El problema de Nietzsche en su valoración negativa de esa lógica es que le falta esa perspectiva. Ironiza sobre la afirmativa, convirtiéndola en un rebuzno, porque entiende que la afirmación iguala lo que de suyo es desigual. La riqueza de la variedad y el movimiento de la vida no puede quedar apresada en un enunciado. Por eso entiende que la proposición afirmativa es más un no saber que un saber. Pero esto es interpretar la afirmación desde la lógica de la identidad, no desde la lógica de clases. En ningún caso hemos dicho que Napoleón sea el único que ha nacido en Córcega.

La lógica simbólica ha formalizado relaciones de clases y operaciones entre clases, construyendo un verdadero cálculo de clases con un lenguaje propio. Antonio Mingote, cuyo nombre evoca por sí mismo la genialidad, ha hecho sus pinitos en el terreno de las relaciones entre clases.

En su viñeta del *ABC* del veinte de julio de 2007, Mingote dibuja un sabio antiguo con una especie de toga que deja al descubierto su hombro izquierdo y habla al espectador en tres tiempos. La viñeta está, pues, compartimentada en tres espacios, en el central de los cuales nos ofrece un primer plano de este juicioso personaje con barba que cavila bajo el Sol. Y el muñeco profiere tres pensamientos, uno en cada compartimento de izquierda a derecha:

> Los nacionalistas no son terroristas,
> pero todos los terroristas son nacionalistas.

> El islam no predica el terrorismo,
> pero todos los terroristas musulmanes predican el islam.

> Todos los españoles no están hartos de lo que está pasando,
> pero todos los que están hartos de lo que está pasando son españoles.

Si utilizamos el lenguaje de la hodierna lógica de clases, diremos que la primera frase, «Los nacionalistas no son terroristas» expresa una relación de desigualdad de clases. La segunda, «todos los terroristas son nacionalistas», lo que expresa es la relación de inclusión entre clases. La clase de los terroristas se incluye en la de los nacionalistas. Y todo esto se puede expresar mediante el simbolismo adecuado.

«El islam no predica el terrorismo» también pone en relación de desigualdad dos clases, la de los que pertenecen al islam y la de los terroristas. La frase sucesiva, «todos los terroristas musulmanes predican el islam», lo que construye es una relación de subsunción de clases. Es decir, la clase de los terroristas musulmanes se incluye en la de los que predican el islam, pero dejando abierta la puerta de que puedan ser clases iguales. No afirma esto último, pero tampoco lo niega.

Por último, en el tercer espacio, «Todos los españoles no están hartos de lo que está pasando» es una relación de desigualdad entre clases. «Todos los que están hartos de lo que está pasando son españoles» designa, en cambio, una relación que se llama pertenencia a una clase. A saber, para todo x, x está harto de lo que está pasando y pertenece inclusivamente a la clase de aquellos que son españoles.

El dibujante y humorista halló cierta complacencia en estas relaciones de clases aplicadas a cuestiones de actualidad. En la viñeta del veinticinco de septiembre de 2010 dibuja una de esas escenas *fin de siècle* que tan agudamente acertaba a representar. Un hombre de uniforme, tocado con un gorro con visera, acompaña a una dama ostentosamente vestida en la canasta de un globo. Al fondo se ve otro globo con similares pasajeros. Ella comenta lo siguiente: «No sé si con su política extravagante conseguirá Zapatero que todos los vascos quieran ser españoles, pero está a punto de conseguir de todos los españoles que queramos ser vascos».

En esta declaración, alusiva al entonces presidente del gobierno de España, se contienen dos relaciones entre clases. La primera es una relación de inclusión de la clase de los vascos en la clase de los españoles. Pero la segunda es una relación que se llama circunclusión: la clase de los españoles se incluye en la clase de los vascos.

4
FORGES O LA CULMINACIÓN DE LA SILOGÍSTICA

Antonio Fraguas de Pablo, vulgo Forges, da reiteradas muestras de familiaridad con la lógica aristotélica en versión escolar. En sus dibujos se puede encontrar la expresión «ergo», una de las conectivas de conclusión que usaba el latín medieval para la inferencia silogística. También hallamos el latiguillo «que era lo que había que demostrar». Es la traducción de la coda latina «quod erat demonstrandum». Una frase hecha que traducía la correspondiente cláusula griega al final de las demostraciones geométricas de Euclides. Y es bien sabido que Euclides conocía los libros *Analíticos* de Aristóteles. La escolástica prohijó esta fórmula para coronar procesos demostrativos.

Entre los más de doscientos mil dibujos que conforman el legado artístico de Forges hay una viñeta periodística que produce perplejidad a quien no tenga los necesarios rudimentos de lógica. Uno de sus característicos muñecos le dice a otro una ristra de palabras ininteligibles. Estas palabras son:

> Barbara, Celarent, Darii, Ferio
> Cesare, Camestres, Festino, Baroco,
> Darapti, Felapton, Disamis, Datisi, Bocardo, Ferison,
> Bamalipton, Camentes, Dimatis, Fesapo, Fresisonorum

Ante tamaña andanada, el contertulio asiente, probablemente tan resignado a la incomprensión como el lector mismo.

Pues bien, la serie conceptual no es un galimatías, sino una fórmula mnemotécnica que contiene los diecinueve modos válidos del silogismo simple. Vayamos por pasos.

Hasta aquí se han visto las figuras del silogismo. Identificando la posición del término medio se puede saber a qué figura pertenece un razonamiento silogístico. Resulta, sin embargo, que no todo silogismo encuadrable en una figura es un silogismo válido o correcto. Es legítimo preguntarse cuántos silogismos correctos admite la retícula de las cuatro figuras. A esto obedece la doctrina de los modos del silogismo.

Se llama modos del silogismo a las diversas disposiciones legítimas de la cualidad y la cantidad de las proposiciones en las cuatro figuras posibles. La combinación de cualidad y cantidad es lo que se decanta en las cuatro letras A, E, I, O. De lo que se trata es de saber qué letra puede ocupar qué posición en la inferencia mediata que conocemos como silogismo.

Como hay cuatro especies de proposiciones según la cantidad y la cualidad consideradas juntas, y en cada figura se toman de tres en tres, resulta que hay 64 combinaciones posibles por figura (4^3 = 64). Lo cual da un total de 256 modos posibles. Sin embargo, de esa copia de modos solamente hay veinticuatro que sean válidos atendiendo a la posición que ocupan esas letras en el orden de premisa mayor, premisa menor y conclusión.

Dado que tanto la doctrina de las figuras como la de los modos del silogismo se han hecho depender, para los efectos del cálculo, de que la premisa mayor esté arriba, conviene explicar este aspecto.

La premisa mayor es aquella que contiene el término mayor. La premisa menor es la que contiene el término menor. Ahora bien, esos términos hay que buscarlos ante todo en la conclusión. Aquel que haga de predicado de la conclusión será el término mayor. Y el que haga de sujeto será el término menor. Consecutivamente se busca cuál premisa contiene un término y cuál otro. Como el mecanismo de cálculo pide que la premisa mayor sea la primera, en caso de que no sea así se la coloca en esa posición. Según esto, las tres proposiciones que componen un silogismo categórico se corresponden con una secuencia de tres letras vocálicas. Busquémoslo en un ejemplo:

> Ningún animal es inmortal,
> algún viviente es animal,
> luego algún viviente no es inmortal.

Aquí las premisas están ordenadas. Si atendemos a las figuras, este silogismo pertenece a la primera figura. El término medio hace de sujeto en la mayor y de predicado en la menor. Además, la secuencia de las letras según el tipo de proposición es E-I-O. Es decir, se trata de un silogismo correcto en Ferio.

Como fácilmente se puede columbrar, lo más importante de las palabras mnemotécnicas son las vocales. Y de ellas las tres primeras. Su orden sigue exactamente el de premisa mayor, premisa menor y conclusión. Las consonantes también tienen un significado en esta impresionante armazón memorística. Hasta hace no mucho formaba parte de la cultura general, y Forges debió aprenderla en el colegio de los Sagrados Corazones donde completó su formación escolar.

Los modos válidos son veinticuatro, pero solamente los diecinueve aducidos han constituido objeto convencional de memorización. Los otros cinco se derivan de manera bastante evidente de varios de la serie, pues no recogen sino casos de subalternación. Se llaman modos subalternos, a saber: Barbari, Celaront, Cesaro,

Camestrop, Camenop. Era paladino que si algo vale como A, vale también como I.
Y si vale como E, lo mismo para O. Con ello se cierra la serie de seis modos válidos por figura, de la primera a la cuarta en orden descendente. Por eso, los modos
del silogismo transcritos como retahíla en una viñeta de Forges son como una
culminación de la silogística. No representan el último punto de doctrina. Todavía
cabría hablar de la reducción de los silogismos a la primera figura y de otros tipos
de silogismos que no son el simple o categórico. Pero con los modos se llega a poder
determinar ya si un silogismo vulgar es aceptable, dándole también los «apellidos»
correctos de ser de tal figura y de tal modo. Sea este ejemplo de manual:

> Todo hombre es mortal,
> Pedro es hombre,
> luego Pedro es mortal.

Localizando los términos mayor y menor se comprueba que las premisas están ordenadas. La posición del término medio indica que estamos ante la primera
figura. La premisa menor es una singular afirmativa, que corresponde a una A. En
el fondo, y por el criterio extensional de la lógica de clases, se refiere a todos los
Pedro que pertenecen a una clase en que solo hay uno. Compruébase, entonces, que
la secuencia es A-A-A. Es decir, es un silogismo de la primera figura en Barbara.
Los silogismos barajados en el capítulo sobre el puente de los asnos son, primero,
uno de la segunda figura en Camestres, y después uno de la cuarta en Camentes.
En la coyuntura de que no encajase en ninguno de los veinticuatro modos válidos
estaríamos ante un silogismo vicioso, incorrecto. En esa tesitura, la causa de la in-
validez sería la infracción de una o más de las ocho reglas generales del silogismo
simple. Pero eso es harina de otro costal, y no nos consta que aparezca en ninguna
viñeta periodística.

El ejemplo aducido es tan célebre por su repetición en los libros durante centurias, que José Ortega y Gasset lo llamó «el fúnebre silogismo escolar que anuncia
apodícticamente la muerte de Pedro». Apodíctico es palabra para demostrativo.

La culminación de la silogística con los modos certeros sirve para cobrar una
idea de lo alambicado que puede llegar a ser un razonamiento silogístico admisible.
No todos suscitan una aprobación intuitiva tan rápida como el del pobre Pedro.
Cuando Balmes dice que ordinariamente colegimos con corrección de manera
natural, sin necesidad de artificios como las fórmulas memorísticas, el ejemplo que
nos sirve es el de una inferencia en Barbara. Nos gustaría saber si podría decir lo
mismo de una en Baroco o en Bamalipton. Por eso, la queja de Montaigne, según la
cual la filosofía es clara, pero «son Baroco y Baralipton los que hacen los supuestos
filosóficos tan turbios» es notablemente injusta. Precisamente sirven para razonar
bien, o para mostrarnos lo que es un razonamiento bien construido, aun cuando
pueda no ser cotidiano. Y Forges lo sabe, aunque ironice sobre ello.

EPÍLOGO

Puede no ser irrelevante el detalle de que la obra de Marciano Capella que sentó doctrina en la representación de las artes liberales se titula *Sobre las nupcias de Filología y Mercurio*. Allí la dialéctica es un regalo que el novio ofrece, con las restantes artes, a la mujer que quiere desposar. Ese himeneo que sella el amor conyugal se antoja un indicio de que algo tienen que ver las ciencias con el amor.

Un camino para despertar el amor es la belleza, como la de la novia de Mercurio en ese relato alegórico de las postrimerías de la Antigüedad. El físico Albert Einstein planteó una teoría cuya repercusión también tenía que ver con Mercurio, aunque esta vez con el planeta que lleva ese nombre. A menudo se ha dicho que su teoría de la relatividad destaca por su elegancia. Pero cuando él mismo intenta dar una versión divulgativa de la misma resulta sin lenitivo su belleza.

Aquí se ha buscado proponer un camino de belleza para acercarse a la lógica tradicional. Conocemos a quien se le quiso confiar la redacción de la parte sobre lógica en un libro de texto para el bachillerato. Su propuesta de organizar el contenido desde los parámetros de la vieja lógica de cuño aristotélico fue desestimada por quienes revisaron el plan de trabajo. Diríase que esa doctrina corre el riesgo de ser olvidada, como ya se ha olvidado en muchos lugares el oficio de esquilar a tijera. La sensación reiterada de asistir a los pródomos que anuncian un lubricán para la lógica de nuestros antepasados, puede justificar el intento de recuperar una mirada amable sobre la misma. Pues es también una cala en nuestra herencia cultural. Retomar una mirada que confiera sentido literal a la expresión «lógica admirable», que se vulgarizó en las escuelas españolas del siglo dieciocho.

Cierto es que reducir la belleza a la imagen es angostarla. Aun cuando no faltan antecedentes, como la del apotegma del Doctor Común: «pulchrum est quod visum placet». Bello es lo que agrada a la vista. A quienes no quieren ver esa lógica ni en pintura, en estas páginas se les ha ofrecido un recorrido singular. Pues no solo así cabe contemplar a la lógica clásica. También en miniatura, en escultura, en mosaico, en xilografía, en tapiz o en esa dignificación del monigote que es la viñeta de prensa.

Desde ahí se aprecia un lugar del patrimonio artístico y filosófico de Occidente, un elemento del humus en el que hemos crecido, pero que tristemente puede pasar desapercibido. Y que acompaña y ayuda a comprender otras manifestaciones no icónicas, como la composición musical «Barbara, Celarent», del compositor esloveno contemporáneo Jacob Gallus Handl.

La lógica se ha visto materializada como imagen por artistas de diferente rango y procedencia. No se la asocia a un personaje legendario, como ocurrió con la gramática. Esta fue feminizada a menudo en la figura de Nicóstrata, una especie de profetisa legendaria griega que decía sus vaticinios en forma de poesía. De ahí que los romanos la llamaron Carmenta, por asimilación con *carmen* (poema). Merced a la influencia de Giovanni Boccaccio se divulgó tal representación. Por eso, semejante figura es la que adopta Cristina de Pizán en *La ciudad de las damas*, o Gregor Reisch en *Margarita Philosophica*. La lógica, en cambio, se asocia a un personaje real, Aristóteles, celebrado como verdadero padre de la misma. O a lo sumo a un comentador insigne como Severino Boecio. O más abundantemente a una mujer sin nombre. Menos veces a un docto varón sin nombre o a un dios griego masculino como Hermes. E inevitablemente la faz imaginativa de la lógica es a modo de sinécdoque. Es decir, se representa el todo por una parte. Por un personaje, aunque éste no agote la totalidad de lo que ha tratado la disciplina. Por un tipo de razonamiento tal como la paradoja o el dilema. Por un fenómeno asociado como la disputa dialéctica.

Si el camino de la belleza ha conducido al amor será más fácil recorrerlo en el otro sentido: que el amor haga florecer la sensibilidad hacia la belleza. Pero ya el primer sentido vale asimismo para la lógica del razonamiento concreto. Esa lógica informal del razonar cotidiano encuentra las bellísimas ilustraciones de Birgit Lang a los sesgos cognitivos, las falacias y los efectos de los que se ocupa Rolf Dobelli en su libro *El arte de pensar*. A su vez, la llamada lógica simbólica puede hallar también el sendero del amor por la belleza. Asociar el recurso estético de los grafos, mediante los que hoy se informa de la red de metro de una gran ciudad, con los diagramas de Gottlob Frege, acaso pueda despertar afición a esas complicadas redes conceptuales hasta el punto de querer estudiarlas. Leer la historieta titulada *Logicomix*, con guion de Apostolos Doxiadis e ilustraciones de Alecos Papadatos y Annie di Donna, puede motivar por su colorido, su acertado dibujo y su texto a interesarse por los inicios de la lógica matemática. Sea en solfa literaria o en solfa simbólica, la lógica puede llegar a concitar belleza y amor.

Por eso, el resultado del recorrido que hemos llevado a cabo no es un manual de la disciplina. Ni un libro de filosofía de la lógica. Ni tan siquiera una historia de la misma. Entra, sin duda, en los estudios sobre lógica y no pierde de vista el ideal de la transmisión pedagógica. Pero, teniendo que ver con todas esas áreas, aborda lo que en apariencia no tiene que ver, el mundo luminoso de la belleza y el amor. Ese mundo que se hace también presente precisamente en la vivencia de la evidencia lógica que el alumno tiene por primera vez, y que por eso alberga un valor incontestablemente didáctico. El trabajo se ha restringido, así, a lo que pudiera concebirse como el campo de los elementos marginales de la lógica clásica o tradicional. Un cometido paralelo a lo que, con otro contenido y en el campo de la lógica matemática, pretendió la parte biográfica del volumen de Jesús Mosterín sobre *Los lógicos*. De ahí que se ha escogido además citar con gusto a autores no académicos, poniendo en evidencia lo larga que es la sombra de la lógica. De ahí también que nuestras recomendaciones de lectura no van a proponer manuales de lógica ni otros libros sobre la historia o sobre la filosofía de la misma. Se limitan a escritos en los que, con certeza comprobada, se habla de imágenes de la lógica en la tradición de las artes plásticas. Con ello, un aspecto que pudiera parecer superfluo se convierte en vía de formulación y descubrimiento de algo fundamental. Algo de lo que, con un lenguaje mucho más técnico, nos vienen advirtiendo diversas elaboraciones epiteóricas sobre la lógica. Y es la identidad de la lógica como creación humana. La riqueza del ser humano desborda con creces el razonamiento hirsuto, la exclusividad de cualquier axiomática y la pretensión de una lógica única.

RECOMENDACIONES DE LECTURA

D'Ancona, Paolo (1902): «Le rappresentazioni allegoriche delle arti liberali nel Medio Evo e nel Rinascimento». En *L'Arte. Rivista di storia dell'arte medievale e moderna e d'arte decorativa* 5, 137-155, 211-228, 269-289, 370-385. <DOI: https://doi.org/10.11588/diglit.24147>.

Jacobs, Helmut C. (2002): *Divisiones philosophiae. Clasificaciones españolas de las artes y las ciencias en la Edad Media y el Siglo de Oro*. Madrid: Iberoamericana.

Martínez de Irujo y Artázcoz, Duque de Alba, Luis (1963): «Pinturas murales del Castillo del Gran Duque de Alba en la villa de Alba de Tormes». En *Goya* 53, 274-281.

Tezmen-Siegel, Jutta (1985): *Die Darstellungen der septem artes liberales in der Bildenden Kunst als Rezeption der Lehrplangeschichte*. München: Tuduv.

Verdier, Philippe (1969): «L'iconographie des arts libéraux dans l'art du moyen âge jusqu'à la fin du quinzième siècle». En *Arts libéraux et Philosophie au Moyen Age. Actes du Quatrième Congrès Intenational de Philosophie Médiévale*. Montreal/Paris: Institut d'Études Médiévales et Librairie philosophique J. Vrin, 305-355.

PROCEDENCIA DE LAS FOTOGRAFÍAS

Colección:

FILOSOFÍA HOY

Director:

JUAN ANTONIO NICOLÁS